www.tredition.de

AF198302

Michael Jagersbacher

Covid Chance

Welche Fragen uns jetzt wirklich weiterbringen

www.tredition.de

© 2021 Michael Jagersbacher
Lektorat: Susanne Pavlovic
Coverdesign: Montry Thaalavattam Manuel
Verlag und Druck:
tredition GmbH, Halenreie 40-44, 22359 Hamburg

ISBN
Paperback: 978-3-347-29883-5
Hardcover: 978-3-347-29884-2
e-Book: 978-3-347-29885-9

Covid Chance – Welche Fragen uns jetzt wirklich weiterbringen

Für meine Kinder: Nora, Marie, Jonas – möget ihr in einer Gesellschaft aufwachsen, die sich über die wichtigen Fragen des Lebens und vor allem des „Miteinander-Lebens" Gedanken gemacht hat.

„Das Leben der Eltern ist das Buch, in dem die Kinder lesen"

Augustinus Aurelius

INHALT

Anmerkung zum geschlechtsneutralen Sprachgebrauch:

Aus Gründen der besseren Lesbarkeit wird auf die gleichzeitige Verwendung der Sprachformen männlich, weiblich und divers (m/w/d) verzichtet. Sämtliche Personenbezeichnungen gelten gleichermaßen für alle Geschlechter.

PROLOG

Auf dem Buchcover finden Sie einen schwarz-goldenen Schwan. Schwarze Schwäne sind höchst unwahrscheinliche Ereignisse, die uns als Gesellschaft unvorbereitet und damit auf dem falschen Fuß, erwischen. Man könnte das Auftreten der Covid-Pandemie als solch einen schwarzen Schwan interpretieren.

Dieser hat enorme Auswirkungen auf das Leben jedes Einzelnen und dies auf einer globalen Ebene. Gleichzeitig sehe ich in dieser Situation die Chance, dass wir aus diesem schwarzen Schwan einen goldenen machen können. Im schwarzen Schwan „schimmert" gleichzeitig auch der goldene Schwan. Wie meine ich das?

Wir können diese Krise dazu nutzen, bisher nicht gestellte oder bereits wieder vergessene Fragen zu stellen. Wir sollten diese Ausnahmesituation nutzen, um uns mit uns selbst, unseren Werten und unserer Stellung in der Welt auseinander zu setzen. Wenn wir dies tun, dann haben wir die Chance, aus dem schwarzen Schwan einen goldenen zu machen.

In mir gibt es ein tiefes Vertrauen, dass wir dies als Gesellschaft schaffen. Dazu muss jedoch jeder selbst reflektieren, die eigenen Werte hinterfragen und sich neu ausrichten. Dieser Prozess kann von niemandem übernommen werden. Weder der eigene Partner noch der Nachbar oder der Staat.

Angelehnt an meinen Lieblingscomichelden der 80er Jahre – He-Man -, der jedes Mal einen bestimmten Satz sagte, wenn er sein Schwert zog und in die Schlacht ritt: „Wir haben die Macht!".

FRAGEN BESTIMMEN DIE ANTWORTEN

Die Art und die Qualität unserer Fragen bestimmen die Qualität unserer Antworten – an diesen Satz glaube ich zutiefst. Ja, es ist der Glaube an den Satz und nicht das Wissen um ihn. Doch alles beginnt und endet letztendlich mit dem Glauben. Unser Glaube bezüglich verschiedener Dinge beeinflusst unsere Weltsicht maßgeblich. Wie der Terminus schön beschreibt – es ist eine bestimmte Sicht auf die Welt. Dieser kann logischerweise verändert werden. Dies geschieht sowohl als gesamtgesellschaftliches Phänomen, aber zusätzlich gibt es auch individuelle Verschiebungen der Sicht auf die Welt. Die Sicht auf die Welt änderte sich für viele Menschen auf dramatische Art und Weise. Sie ändert, sie fordert ein und sie fordert heraus. Sie fordert von uns eine tiefergehende Auseinandersetzung über die eigene Sicht auf die Welt, welche in einen gesamtgesellschaftlichen Diskurs hineingetragen werden kann und soll.

Die wenigsten Menschen trauen sich genau diesen Weg zu gehen. Zu reflektieren, skeptisch zu sein oder andere Perspektiven einzunehmen als die bereits vorherrschenden.

Denken ist die schwerste Arbeit, die es gibt. Das ist wahrscheinlich auch der Grund, warum sich so wenig Leute damit beschäftigen.

Henry Ford

Es gibt mehrere Gründe, weshalb dies so ist. Einer der Gründe ist sicherlich, dass es anstrengend ist, sich und die eigene Weltsicht immer wieder zu hinterfragen. Energie- und ressourcensparender ist es, auf vorgefertigte Konzepte und vermeintliche Patentrezepte zurückzugreifen, die uns in der Vergangenheit gute Dienste erwiesen haben. Doch das Funktionieren in der Vergangenheit lässt leider keine Rückschlüsse für die Zukunft zu. Wenn dem so wäre, würde niemand ein und dieselben Fehler zweimal machen. Die Zukunft ist und bleibt ungewiss, denn sonst wäre sie schon Gegenwart und damit keine Zukunft mehr.

Man sollte nie so viel zu tun haben, dass man zum Nachdenken keine Zeit mehr hat.

Georg Christoph Lichtenberg

Die „Prä-Covid-Zeit" nahm uns teilweise die viel zitierte Luft zum Atmen. Seit dem Beginn der Krise ist jedoch so etwas wie ein Schockzustand des gesellschaftlichen und wirtschaftlichen Lebens zu registrieren. Viele Menschen haben plötzlich mehr Zeit sich mit anderen Dingen auseinander zu setzen. Weshalb also die Zeit nicht nutzen, um über grundliegende Dinge in unserem Leben nachzudenken?

Ein weiterer wichtiger Punkt, weshalb wir uns ungern mit Fragen bezüglich unserer Perspektive und unseres Wertesystems beschäftigen, ist die Angst, bis dato falsch gelegen zu haben. Wer alles in Frage stellt, hat nicht nur die Chance, bessere Antworten zu generieren, er geht auch das Risiko ein, ehemals richtig eingeschätzte Antworten als falsch zu identifizieren.

Wer Klarheit und Gewissheit – zumindest temporär – erlangen will, wird nicht umhinkommen, dieses Risiko der persönlichen Fehleinschätzung einzugehen. Außerdem riskieren wir damit, dass Aspekte in den Fokus rücken, die bis dato überhaupt kein Thema waren. Ganz einfach, weil die Situationen diese bis dato nicht notwendig machten.

Genau an diesem Punkt befinden wir uns gerade gesamtgesellschaftlich. Wir werden plötzlich mit Elementen konfrontiert, die bisher unsere Aufmerksamkeit überhaupt nicht oder kaum nötig gehabt haben. Es sind unsere Urängste, mit denen wir uns plötzlich auseinandersetzen müssen. Darauf sind wir kein Stück vorbereitet.

Es gibt mehrere Reaktionsformen auf diese Ausnahmesituation. Die einen flüchten in Schockstarre und verschließen sich den neuen Fragestellungen. Andere wiederum konzentrieren sich auf winzige Teilbereiche des Lebens und versuchen dadurch Wissen, Gewissheit und damit Sicherheit zu erlangen. Es bleibt abzuwarten, ob dieses Wissen uns tatsächlich gesamtgesellschaftlich weiterbringen kann oder wir uns in Scheindiskussionen verheddern, die uns kein Iota vorwärtsbringen. Uns muss klar sein, dass wir auf Fragen, die wir uns nicht stellen, auch keine Antwort erwarten können. Es ist unsere Pflicht als mündige Menschen, für qualitativ hochwertige Fragen zu sorgen, um zu besseren Antworten zu gelangen.

Fragen, die zu kurz kommen

Ich bin der festen Überzeugung, dass jeder einzelne von uns sich mit existentiellen Themen auseinandersetzen sollte, und zwar ausgiebig.

- *Wie stehen wir zum Tod?*
- *Was bedeutet Solidarität?*
- *Welche Funktion hat Wirtschaft?*
- *Welche Implikationen hat Technik?*
- *Was ist meine Vorstellung von Glück und Zufriedenheit?*
- *Was ist Wissen?*
- *Wie kann ich Verantwortung leben?*
- *Welche moralischen Werte vertrete ich?*
- *Wie gestalte ich meine Zukunft?*
- *Welches Menschenbild habe ich?*
- *Wie sehe ich mich selbst in den Kontexten der aktuellen Geschehnisse?*

Fragen dieser Art werden derzeit nicht oder nicht ausreichend gestellt. Wir sind zu sehr damit beschäftigt, Fragen über Impfungen oder über vorherrschende und noch zu treffende Quarantäne-Maßnahmen nachzugehen und vergessen dabei, dass diese Fragestellungen nur auf der Basis unseres vorherrschenden Wertefundaments beantwortet werden können. Dieses Wertefundament nicht auf seine Gültigkeit hin abzuklopfen, halte ich für fahrlässig.

Ob unser vorherrschendes Wertefundament Gültigkeit besitzt, wissen wir eben erst, wenn wir einen Schritt zurück machen, es von verschiedenen Seiten her beleuchten und hinterfragen. In diesem Sinne wünsche ich viel Freude und viel Hirnschmalz beim Nachdenken über die wirklich wichtigen

Themen, die unsere Gesellschaft jetzt und in naher Zukunft bewegen werden.

Schön, dass Sie sich dieser Aufgabe stellen! Sie haben es in der Hand, den schwarzen Schwan golden strahlen zu lassen und die Gesellschaft ein Stück weit proaktiv mitzugestalten.

VORSPIEL

Die gesundheitlichen, sozialen, monetären, wirtschaftlichen und spirituellen Auswirkungen der Pandemie sind unübersehbar. Egal, wie man zur Krankheit, der Impfung und den jeweiligen Maßnahmen steht, Covid hat dafür gesorgt, dass wir Stellung beziehen. Man kann sagen, Covid lässt niemanden kalt. Und ich denke, dass das auch gut so ist. Warum denke ich das?

Weil Covid und alle damit verbundenen Konsequenzen dafür sorgen, dass wir uns als Gesellschaft neu überdenken dürfen und auch müssen. Die Chancen, die sich derzeit bieten, sollen nicht ungenutzt bleiben. Wer hätte noch im Februar 2020 gedacht, dass die Welt innerhalb kürzester Zeit aus den Angeln gehoben wird und das Leben jedes Einzelnen auf den Kopf gestellt wird?

Allein dieses Veränderungspotenzial ist schon beachtenswert, weshalb es natürlich auch für eine nachhaltig positive Veränderung eingesetzt werden kann. Wie sang der berühmte österreichische Musiker und Held meiner Kindheit, Reinhard Fendrich, in einem seiner Songs: „Alles ist möglich, aber nix is fix!".

Genau dieser Unfixiertheit möchte ich auf den Grund gehen mit dem vorliegenden Werk. Ich möchte Impulse anbieten, damit wir über uns, unsere Meinung über uns und unserer Stellung in der Welt nachdenken. Egal wie viele schwarze Schwäne uns auch begegnen in unserem Leben, es liegt an uns, goldene daraus zu machen.

So einfach, wie sich das anhört, ist es natürlich nicht. Gerade „große" gesellschaftliche Themen erfordern den Einsatz von Denkarbeit. Diese Denkarbeit wird derzeit nur in sehr wenigen Teilbereichen eingesetzt, die mehr oder minder direkt mit der Pandemie und ihren Auswirkungen verknüpft sind. Doch diese Bereiche sind nur die Spitze des Eisberges.

In Wahrheit müssen wir uns über andere Dinge Gedanken machen, die der gesamten Diskussion zugrunde liegen. Denkanstöße in die richtige Richtung zu geben, oder zumindest zu zeigen, dass es auch noch andere Themen außer Corona und ihre Auswirkungen gibt, ist maßgebliche Aufgabe dieses Buches.

Was das Buch bewirken soll

Wie alle schriftlich verfassten Werke, hat auch dieses hier einen selbsttherapeutischen Impetus. Schreiben therapiert in gewisser Art und Weise. Doch nicht nur eine gelungene Form der Selbsttherapie ist die Motivation zu diesem Buch, sondern ein innerer Impuls, etwas nachhaltig Positives zu bewirken. Covid soll nicht umsonst sein!

Wenn in einigen Jahrzehnten über die Pandemie berichtet wird, dann soll dieser historische Punkt als positive Wende im Selbstbewusstsein unserer Gesellschaft wahrgenommen werden und nicht als negativer. Das wäre mein Wunsch. Ob er in Erfüllung geht, werden wir sehen.

Die Pandemie ließ uns kaum Luft, um über wichtige philosophische Fragen nachzudenken. Das ist einerseits verständlich, andererseits jedoch suboptimal. Sind es doch unsere Werte, auf denen wir unsere Entscheidungen treffen. Umso wichtiger ist es, auch bisher tabuisierte Themen zu reflektieren.

Ich bin Vater von drei wundervollen und gesunden Kindern. Sie sind Teil der gesellschaftlichen Zukunft und deshalb bin ich sehr daran interessiert, in welcher Welt sie ihr Leben verbringen können. Wollen wir ihnen ein stabiles Fundament zur Verfügung stellen, dann müssen wir über die Punkte, die ich in diesem Buch zur Sprache bringe, diskutieren. Das vorliegende Werk soll Impulse liefern, über virulente Themenbereiche zu sprechen. Ohne Tabus.

Ich möchte keine falschen Erwartungen wecken. Sie finden hier keine definitiven und unumstößlichen Antworten, die Ihnen zeigen, welchen Werten Sie unbedingt folgen sollten. Dies wäre genau die falsche Vorgehensweise. Ich möchte Impulse setzen, ich möchte Sie zum Nachdenken anregen, ich möchte für eine stabile und reflektierte Diskussionsgrundlage sorgen.

Auch mir fällt es nicht immer leicht, meine Emotionen in den Griff zu bekommen. Die Situation in der Welt fordert Emotionen heraus. Emotionen sind jedoch nichts Schlechtes. Erst ihre Interpretation schafft eine Bewertung.

Ohne Emotionen hätten Sie vermutlich keine Beziehung. Ohne Emotionen hätten Sie vermutlich kein Hobby. Ohne Emotion hätte ich dieses Buch höchstwahrscheinlich nicht geschrieben. Es geht also um die Ausrichtung unserer Emotionen. Beim Lesen dieses Buches werden höchstwahrscheinlich viele Emotionen in Ihnen hochkommen. Das ist gut, denn Emotionen sind Energie, die Ihnen zur Verfügung gestellt wird, um Aufgaben zu meistern. Es ist wirklich an der Zeit, Denkarbeiten zu leisten, wenn wir als Menschen und als Gesellschaft gestärkt aus dieser Krise hervorgehen wollen.

Keine Einigkeit, sondern Vielfalt

Es geht mir nicht darum, eine universelle Wahrheit oder Gültigkeit zu verbreiten. Dafür ist der Wissens- und Wahrheitsbegriff zu individuell, komplex und situationsabhängig. Es wäre außerdem genau das Vorgehen – eine vorgefertigte Meinung unters Volk zu bringen – wie dies Bücher oder andere Medien bereits massenhaft getan haben und tagtäglich tun.

Ich möchte Sie, lieber Leser und liebe Leserin, in die Lage versetzen, wichtige Themen, die in der gesamten Corona-Debatte zu kurz gekommen sind, aus unterschiedlichen Perspektiven zu beleuchten. Vielleicht ändern Sie durch diese neu gewonnene Perspektive Ihre bis dato gefasste Meinung, oder Sie untermauern Ihre bestehende Meinung mit zusätzlichen Argumenten. Egal, wie Sie es drehen und wenden - Sie können nur gewinnen.

**Nicht Sieg sollte der Sinn der Diskussion sein,
sondern Gewinn.**

Joseph Joubert

Dieses Buch soll in erster Linie eine Diskussion mit Ihrem Wertesystem in Gang bringen. Erst in einem zweiten Schritt kann es zu einer gesellschaftlichen Diskussion führen. Sobald Sie sich auf einen ehrlichen Diskurs mit sich selbst einlassen, können Sie auch nur gewinnen. Entweder Ihre Sicht der Dinge wird bestätigt, dann können Sie fortan noch sicherer argumentieren und Ihre Entscheidungen auf ein noch sichereres Fundament stellen, oder Sie bemerken, dass es gewisse Punkte gibt, die Sie bis dato übersehen haben oder sich in diesen Gebieten noch weiterentwickeln sollten. Auf diese Weise sind Sie von Beginn an auf der Siegerstraße!

Ich spreche mich strikt gegen ein blindes Übernehmen vorgefertigter Meinungen aus. Ganz egal, um welchen Themenkomplex es auch geht. Ich wehre mich auch strikt dagegen, die eigene Meinung, egal wie begründet sie mir auch erscheint, dem anderen überstülpen zu wollen. Nur dann können wir respektvolle und wertschätzende Diskussionen in Gang bringen.

Das vorliegende Werk soll vor allem eines – es soll zeigen, dass es zu unterschiedlichen Themen und Aspekten auch verschiedene, wohlbegründete Ansichten gibt. Es liegt oftmals an der individuellen Sichtweise und Priorisierung verschiedener Werte und Argumentationsketten, weshalb Menschen bei der Betrachtung ein und derselben Fakten zu unterschiedlichen Meinungen gelangen. Teilweise bringe ich Zitate sehr namhafter Personen, die sich vollends widersprechen. Es liegt an Ihnen, welchen Sichtweisen Sie zustimmen und welchen nicht. Eine absolute Wahrheit, unabhängig von Ihnen, gibt es nicht.

Was sich hier vielleicht sehr komplex anhört, hat jeder von uns schon in der Realität selbst erlebt. Jeder von uns hat schon Stellung beziehen müssen zu verschiedenen Themengebieten, vielleicht was den Umweltschutz oder die Migrationsfrage betrifft. Auch hier scheiden sich die Geister und es gibt gute Argumente für die eine oder die andere Perspektive.

In Wahrheit sind dies politische Fragen, die sich spätestens am Wahltag bemerkbar machen oder sogar täglich, in Form des eigenen Lebensstils. Nicht zur Wahl zu gehen ist auch eine Aussage. Auch Corona und die Auswirkungen der Pandemie

sind zutiefst politische Themen, jedoch noch mehr gesellschaftliche und philosophische Themen.

Werden wir dümmer?

Im Jänner 2021 habe ich ein Interview mit dem Journalisten Paul Schreyer gesehen. Der Interviewer meinte, dass wir alle glauben, klüger zu werden im Prozess der Pandemie. Selten wurde auf einem derartigen wissenschaftlichen Niveau diskutiert und Meinungen gebildet. Sogar Menschen, die sich bis dato kaum mit Statistik auseinandergesetzt haben, beginnen plötzlich, über Effekte der Statistik zu diskutieren. Dann hielt der Interviewer inne und meinte, dass er das Gefühl habe, dümmer zu werden, in einer Zeit, wo alle klüger zu werden scheinen und ihre Intelligenz nach außen tragen. [1]

Ein Grund ist die monokausale Auseinandersetzung mit dem Thema Corona. Dauernd wird einem beinahe nur dieses Thema auf dem kognitiven Silbertablett serviert und andere Themen fallen unter den Tisch.

Ich musste diesem Mann zustimmen. Manchmal beschleicht mich das Gefühl, dass es überhaupt kein anderes Thema mehr gibt, außer das Wetter vielleicht oder der die Börsenkurse. Doch gerade in dieser turbulenten Zeit müssten wir noch viel weiterdenken, uns mit uns und unserem Wertesystem auseinandersetzen und, ich sage es ganz offen – philosophieren.

Ich würde meine philosophische Position als die eines gemäßigten Skeptikers bezeichnen. Skepsis bezieht sich nun nicht auf das Thema Impfstoff Ja oder Nein, sondern vor allem auf mich selbst und meine Meinung. Wir können als menschliche Wesen glücklicherweise die Meta-Ebene einnehmen und die eigene Meinung von Zeit zu Zeit hinterfragen.

Die Entscheidung für oder gegen den Impfstoff, die Entscheidung für oder gegen Lockdowns, die Entscheidung für oder gegen ein Bedingungsloses Grundeinkommen – alle diese Haltungen und Einstellungen basieren auf einem, oftmals unbewussten Wertesystem, das wir uns genau ansehen können, es auf seine Stabilität und Plausibilität hin prüfen können. Natürlich immer basierend auf dem eigenen Erfahrungsschatz, doch wer sagt denn eigentlich, dass wir diesen nicht auch stetig ausbauen und gegebenenfalls modifizieren können? Genau dazu soll das vorliegende Buch ermuntern.

Ich habe dazu Themenbereiche hergenommen, die mir persönlich äußerst wichtig erscheinen und in der derzeitigen Diskussion – wir schreiben das Jahr 2021 – sträflich vernachlässigt werden. Ich bin jedoch der absolut felsenfesten Überzeugung, dass wir über diese Themenbereiche nachdenken müssen, damit wir zu „guten" Entscheidungen kommen können. Gut für wen? Was bedeutet „gut"? Ja, an diesem Punkt geht es schon los mit der Philosophiererei. Und das ist „gut" so.

DER TOD – WELCHE BEDEUTUNG UND STELLUNG HAT ER FÜR SIE?

„Mit dem Tod habe ich nichts zu schaffen. Bin ich, ist er nicht.
Ist er, bin ich nicht."

Epikur von Samos

Covid hat bereits Millionen von Menschen das Leben gekostet. Für die Funktion und die Wirkung des vorliegenden Buches spielt es keine Rolle, ob diese Todesfälle mit oder an Covid verursacht wurden. Der Tod eines geliebten Menschen stellt immer einen tragischen Verlust für die Angehörigen oder Freunde dar. Wut, Frustration, Verzweiflung und Trauer sind die menschlichen Emotionen auf solch ein Ereignis. Jeder geht anders mit dem Verlust eines geliebten Menschen um. Es wäre ethisch verwerflich, einzelne Schicksale herunterzuspielen und als unwichtiges, statistisches Rauschen zu identifizieren. Die aus dem Verlust eines geliebten Menschen erwachsende Aggression ist allzu menschlich und allzu verständlich. Bei der Verarbeitung der Trauer agiert jeder Mensch anders und vor allem in unterschiedlichem Tempo. Wenn die Emotionen stark sind, bringt eine sachliche Analyse der Gesamtlage wenig.

Genauso wenig bringt es jedoch auch, die Gesamtlage in einem emotional aufgewühlten Zustand zu analysieren. Vielleicht haben Sie Ihren Job verloren, oder stehen kurz davor. Vielleicht hat sich Ihr Arbeitsalltag total verändert mit den neuen Möglichkeiten des Home-Office. Vielleicht hat sich Ihr Privatleben massiv verändert durch die verordneten Lockdowns und Schulschließungen.

Im schlimmsten Fall haben Sie selbst einen geliebten Menschen wegen der Krankheit verloren. Wir als Gesellschaft sind alle in unterschiedlichster Form von den neuen Bedingungen betroffen. Es bleibt uns gar nichts anderes übrig, als Stellung dazu zu beziehen.

Dem Tod ins Gesicht sehen

Covid bringt uns nicht nur physisch und gesundheitlich dem Tode näher, sondern vor allem kognitiv. Wir denken über unseren eigenen Tod und den Tod unserer Liebsten nach. Der Tod ist ein wichtiger Faktor in unserem Leben. Aus dem eigenen Leben ist schließlich noch nie jemand lebend rausgekommen, heißt es in einem Alltagsspruch. Diese Binsenweisheit ist für trauernde Menschen ein Schlag ins Gesicht, doch besitzt er natürlich Gültigkeit.

Seit März 2020 werden wir immer wieder mit den Themen Tod, Trauer und Qual bombardiert. Es ist vor allem unsere Vorstellung und damit auch die Angst, dass wir oder unsere Liebsten qualvoll sterben müssen, die uns nervös werden lassen. Nirgends liest man, dass der Patient friedlich eingeschlafen ist. Wir haben vielmehr ein Bild eines Todeskampfes vor uns, den die Betroffenen unter höchsten Qualen und Schmerzen schlussendlich verlieren. Solch ein Szenario macht Angst. Wir wollen nicht, dass unsere Liebsten derart von der Bühne des Lebens verschwinden müssen. Wir wollen natürlich auch nicht, dass uns selbst das passiert.

Seit Anfang 2020 werden wir selbst immer wieder mit unserem eigenen Tod konfrontiert. Sei es im Verwandtenkreis – alleine der Altersunterschied zu den eigenen Großeltern steigert die Chance dramatisch, dass diese das weltliche Leben früher hinter sich lassen als wir. Die Pandemie und ihre Auswirkungen deuten seit März 2020 immer wieder auf die steigende Bedrohung des eigenen Todes hin.

„Wer den Tod nicht fürchtet, achtet das Leben nicht!"

Marcus Aurelius

- Wie interpretieren Sie dieses Zitat?
- Hat es einen Funken Wahrheit oder würden Sie es als Nonsens verwerfen?

Die Antwort auf diese Fragen ist sehr entscheidend für die Gestaltung Ihres Wertefundamentes. Im Umkehrschluss würde das Zitat nahelegen, dass alle Menschen, die den Tod fürchten, das Leben achten. Gibt es eine Möglichkeit, das eigene Leben zu achten, auch wenn man sich nicht vor dem Tod fürchtet?

„Und schließlich gibt es das älteste und tiefste Verlangen, die große Flucht, dem Tod zu entrinnen."

J.R.R. Tolkien

Laut Tolkien scheint es so etwas wie eine Urangst des Lebensverlustes zu geben. Diese Urängste wühlen uns auf und verzerren unter Umständen die Wirklichkeit. Auf diesem Fundament qualitätsvolle Entscheidungen zu treffen, ist schwierig. Vor allem verdecken diese Emotionen oftmals die tatsächlichen Schauplätze, die für unsere Lebensgestaltung wichtig sind.

Wie sollen wir bitte dieser Angst entrinnen, wenn sie uns doch vorgegeben ist? Vielleicht liegt genau hier der Fehler! Vielleicht sollten wir nicht flüchten, sondern sie bewusst durchleben, uns dieser Urangst stellen.

Wie könnte dies bei Ihnen konkret aussehen? Das ganze Leben auf der Flucht zu verbringen, um schließlich doch in den Armen des Todes zu enden, scheint wenig erstrebenswert zu sein. Ich verstehe dennoch jeden, der genau dieses Verhalten an den Tag legt. Nicht alle unsere Handlungen sind logischer Natur. Wir sind nun mal Wesen, die auch „unlogische" Entscheidungen treffen.

Sehen wir es uns einmal von dieser Perspektive aus an: Den Tod fürchten wir und deshalb flüchten wir vor ihm. Wenn nun die Furcht vor dem Tod überwiegt, dann ist er omnipräsent. Der Tod ist somit immer anwesend und wir können nicht vor ihm flüchten. Dennoch tun wir es.

> - Wie würde es sich wohl anfühlen, wenn wir keine Angst vor dem Tod mehr hätten?
> - Was würde sich ändern?

> • Wie würde sich unser Wertesystem, vor allem in Hinblick auf die aktuelle Diskussionskultur auswirken?

Alles spannende Fragen, vor denen wir uns auch zu fürchten scheinen. Weshalb sonst treten diese so selten in den öffentlichen Diskussionen auf?

„Der Tod muss um jeden Preis verhindert werden!"

Würden Sie diesen Satz unterschreiben oder wären Sie nicht bereit, jeden Preis für das Überleben zu bezahlen? Wohlgemerkt: Es geht hier nicht nur um den eigenen Tod, sondern auch um den Tod anderer.

> • Unter welchen Umständen wären Sie denn bereit, den Preis für Ihren eigenen Tod oder den von anderen zu bezahlen?
> • Ist es sinnvoll, 95jährige Menschen, die bereits ein glückliches Leben geführt haben, um jeden Preis am Leben zu erhalten, völlig egal, wie es ihnen dabei geht?
> • Oder spielt dies überhaupt keine Rolle in Ihren Entscheidungen?

Das menschliche Leben, egal wie es gestaltet ist, muss in jedem Fall gerettet und verlängert werden, scheint gesellschaftlich derzeit die Devise zu sein.

Ja, ich weiß, das sind schwierige und wahrscheinlich auch provozierende Fragen. Doch die Antworten darauf, wie auch immer sie geartet sind, haben massive Auswirkungen auf unsere Art zu denken und zu diskutieren. Wer den Tod auf alle Fälle vermeiden möchte, seinen eigenen und den der anderen, wird zu anderen Entschlüssen kommen als derjenige, der meint, dass der Tod zum Leben gehört, denn dann kann ein Preis festgemacht werden, den man nicht mehr zu zahlen bereit ist, wenn es um die Rettung von Menschen geht. Für welche Seite entscheiden Sie sich, und vor allem weshalb entscheiden Sie sich so?

Tod und Unsterblichkeit

Ich möchte das Kapitel über Tod mit einer Handvoll trost-spendenden Zitaten beschließen. Auch an dieser Stelle gilt: Lassen Sie sich auf die Gedankenspiele ein. Beurteilen Sie nicht zu schnell, lassen Sie manche Gedanken einfach sickern. Wenn Emotionen hochkochen, sehen Sie sich an, woher sie kommen und was die Basis dafür ist.

„Für sich selbst ist jeder unsterblich; er mag wissen, dass er sterben muss, aber er kann nie wissen, dass er tot ist."

Samuel Butler

Die Suche nach der Unsterblichkeit ist Teil zahlreicher Mythen und Religionen. In den allermeisten Fällen wird ein Leben nach dem Tod versprochen, was vielen Menschen Trost spendet. Es erzeugt das Gefühl der Unsterblichkeit. Die Geschichten rund um Graf Dracula beordern die Unsterblichkeit ins weltliche Leben. Auch dies fasziniert, doch scheint es aus medizinischen Gründen unmöglich, diese Unsterblichkeit auch zu erreichen. Der faszinierende Sänger der englischen Band Queen, Freddie Mercury, formulierte es in einem seiner Songs so: „Who wants to live forever?!". Eine wirklich gute Frage. Würden Sie gerne für immer leben?

Die Antworten der meisten Menschen würden sein: Das hängt davon ab, wie es mir gesundheitlich geht. Würde ich alt oder jung aussehen? Wäre ich vital oder ein physisches Wrack? Was würde mit anderen Personen in meinem Umfeld passieren?

In manchen Geschichten über Graf Dracula lag der Fokus auf seine Reisen durch die Zeit. Sein Umfeld starb, er selbst jedoch sah in verschiedenen Epochen und Jahrhunderten kaum anders aus. Immer wieder durfte und musste er ein neues Leben und neue Lieben aufbauen, nur, um zu sehen, dass sie ihm wieder genommen wurden. Ein trauriges Schicksal oder die Chance auf etwas Neues?

- Wenn wir Angst vor dem Tod haben, was streben wir stattdessen an?
- Ist es diese besagte Unsterblichkeit?
- Egal ob physisch oder seelisch?

Vielleicht ist es auch nur eine Frage der Definition von Unsterblichkeit. Nicht umsonst gibt es Menschen, die sich aktiv unsterblich machen. Unsterblich in den Gedanken und in der Gefühlswelt anderer Menschen. Vielleicht in Form eines Buches, vielleicht in Form einer Symphonie, vielleicht aber auch in Form eines Lächelns, welches das Gegenüber nie mehr vergisst.

Vielleicht können Sie sich noch daran erinnern, wie es sich angefühlt hat, als Ihr Kind Sie das erste Mal angelächelt hat oder sich zu Ihnen gekuschelt hat, als es Angst verspürte. Vielleicht können Sie sich an Ihren ersten Kuss mit Ihrer ersten Liebe erinnern. Menschen sind vielleicht nicht unsterblich, aber Ihre Wirkung und die Gedanken können es sein.

- Haben wir vielleicht sogar die Fähigkeit, uns unsterblich zu machen, ohne unser physisches Leben künstlich zu verlängern?
- Kann es sein, dass wir vergessen, unser Leben zu leben, aus Furcht vor dem Tode?

Vieles in unserem gesellschaftlichen Diskurs geht auf unsere Haltung zum Tode zurück, doch so gut wie nie wird darüber offen diskutiert. Vielleicht ist ein hohes Alter gar kein Garant dafür, auch ein glückliches Leben gelebt zu haben. Auch die Länge eines Buches sagt selten etwas über die Qualität des Inhaltes aus.

„Nicht den Tod sollte man fürchten, sondern dass man nie beginnen wird, zu leben."

Benjamin Franklin

Wenn ich wissen möchte, was der Tod für mich bedeutet, dann muss ich wissen, was Leben für mich bedeutet. Ich muss darüber hinaus wissen, was es bedeutet, ein glückliches Leben zu führen.

Dass hier durchaus unterschiedliche Meinungen zu Tage treten, liegt auf der Hand, denn es gibt unzählige Publikationen, Coachings und anderer Formate, die uns beibringen, was ein glückliches Leben ist und wie es am besten zu erreichen wäre. Allein, dass wir es nicht wissen, weil wir uns nicht trauen zu fragen, spricht eigentlich Bände.

Benötigen Sie jemanden, der Ihnen zeigt, was Glück ist und wie Sie es am besten erreichen können?

Glück ist auch eine Frage des Zeitgeistes und des kulturellen Fundamentes. Was vor einigen Jahrhunderten als Glück empfunden wurde, ist heute beispielsweise eine Selbstverständlichkeit. In letzter Instanz spielt es auch keine Rolle, was jemand anders über Glück denkt. Wichtig ist, wie Sie ein glückliches Leben definieren.

„Das einzig Wichtige im Leben sind die Spuren der Liebe, die wir hinterlassen, wenn wir gehen."

Albert Schweitzer

WELCHES MENSCHENBILD HABEN SIE?

*„Das Unglück ist, dass jeder denkt, der andere ist wie er, und
dabei übersieht, dass es auch anständige Menschen gibt."*

Heinrich Zille

Sich diese Frage zu stellen, ist äußerst spannend. Weshalb? Nun, weil die Reflexion darüber Sie höchstwahrscheinlich sehr erstaunen wird. Wir sehen in der Gesellschaft, aufgrund der Corona-Pandemie und der ergriffenen Maßnahmen, eine enorme Spaltung. Dies erkennt man an Gesprächen mit verschiedenen Menschen, an der Kommentarfunktion diverser Onlineportale oder aber auch an den Konversationen auf Social Media.

Vor allem in den Sozialen Medien vergeht kaum eine Stunde, ohne dass eine Konversation in ein Streitgespräch ausartet und die andere Seite teilweise auf primitive Art und Weise beschimpft wird. Von der ursprünglichen Diskussionsgrundlage entfernen sich die Diskussionspartner in Lichtgeschwindigkeit und sie bemerken erst nach nochmaligem Durchlesen der Konversation, dass eine Verlagerung hin zum jeweils vorherrschenden Menschenbild der Diskutanten stattgefunden hat.

- Haben Sie sich schon einmal gefragt, was Sie prinzipiell von anderen Menschen halten?
- Denken Sie, Menschen sind von Natur aus klug und offen für Neues?
- Oder denken Sie, dass andere Menschen eher einen beschränkten Horizont haben?

Ein Mensch ist immer das Opfer seiner Wahrheiten.

Albert Camus

Die Analyse etlicher Diskussionen rund um das Thema Corona lassen den Schluss zu, dass eher selten geglaubt wird, dass der Mensch an sich „gut" sei. Ich habe dazu natürlich keine Statistiken an der Hand, doch ich würde an dieser Stelle behaupten, dass eine Vielzahl von Menschen über andere Menschen nicht unbedingt „gut" denkt.

Die Verteidigung der eigenen Meinung geht oftmals einher mit der Herabsetzung derjenigen Person, die anderer Meinung ist. Dann verlagert sich das Gespräch in Windeseile von der Sach- auf die Persönlichkeitsebene. Das Dilemma dabei: Niemand lernt wirklich etwas über die Sache, wenn man sich nur beleidigt. Meinungen werden noch zusätzlich verfestigt und es kommt zu keinem Kompromiss, geschweige denn Konsens. Eigentlich gibt es nur Verlierer in solchen Situationen und was übrigbleibt, ist ein fahler Beigeschmack und, im schlimmsten Fall, eine zerstörte Freundschaft.

Das negative Menschenbild hat Tradition

Es gibt eine lange Tradition, welche das negative Menschenbild ins Zentrum der Aufmerksamkeit stellt. Man denke nur an den berühmten lateinischen Satz: „Homo homini lupus" aus der Komödie Asinaria des römischen Dichters Titus Maccius Plautus. Er bedeutet übersetzt: „Der Mensch ist des Menschen Wolf". Also in erster Linie erscheinen andere Menschen als fremdartig oder sogar gefährlich. Diese Einschätzung des Gegenübers ist schon über 2200 Jahre alt und hat sich in unserem Bewusstseinskollektiv festgesetzt. Ich war sehr erstaunt, wie viele Negativzitate ich in Bezug aufs Menschsein gefunden habe. Hier ein kleiner Auszug:

Der Mensch ist vielerlei. Aber vernünftig ist er nicht.

Oscar Wilde

-

Mensch: das einzige Lebewesen, das erröten kann. Es ist aber auch das einzige, was Grund dazu hat.

Mark Twain

-

Das Denken ist zwar allen Menschen erlaubt, aber vielen bleibt es erspart.

Curt Goetz

-

Der Mensch ist im Grunde ein wildes, entsetzliches Tier. Wir kennen es bloß im Zustand der Bändigung und Zähmung.

Arthur Schopenhauer

-

Wenige Menschen denken, und doch wollen alle entscheiden.

Friedrich II. der Große

Wir sehen anhand dieser kleinen Auswahl, wie tief das negative Menschenbild in der Denkkultur vieler großartiger Dichter und Denker verankert ist. Es ist beinahe selbstredend, dass die Meinung über meine Kommunikationspartner die Art und Weise meiner Kommunikation beeinflusst. Wenn ich eine schlechte Meinung über mein Gegenüber habe, dann werde ich zögern, überhaupt in eine Sachdiskussion zu gehen – und wenn ich mich darauf einlasse, werde ich wahrscheinlich bei der ersten Disharmonie auf die Beziehungsebene wechseln. Dort wird aber die Meinung über die andere Person kundgetan, was uns von der Diskussion der Sachthematik massiv entfernt. Diese Verlagerung trägt nichts zum Wissensfortschritt bei.

- Welche Attribute verknüpfen Sie mit der Menschheit?
- Sind Menschen vertrauenswürdig, intelligent und ethisch integer?
- Oder denken Sie, dass Menschen dumm, vorlaut und „schlechter" als Sie sind?

Unsere Einstellung anderen Menschen gegenüber spiegelt sich auch in den Institutionen, die wir aufbauen, um ebendiese zu managen. Man nehme zu Illustrationszwecken das Arbeitsmarktservice oder die Agentur für Arbeit. Dieses hat zur Aufgabe, Menschen in Beschäftigung zu bringen oder Bildung zu vermitteln, damit diese wieder ein produktiver, weil arbeitender Teil, der Bevölkerung werden können.

Wenn die „Kunden" nicht der Jobsuche nachgehen, wird ihnen das Arbeitslosengeld gestrichen oder empfindlich gekürzt.

- Welches Menschenbild verbirgt sich hier?
- Welche Auffassung von Arbeit steckt hier dahinter?
- Wird Arbeit als Wert gesehen, als Belohnung, als ein Wert an sich?

Viel eher sieht es so aus, als ob Menschen tendenziell etwas Böses unterstellt wird und sie „bestraft" werden müssen, wenn sie nicht so agieren, wie sich das die Organisation vorstellt. Definitiv werden sie nicht als eigenständige und selbstorganisierte Menschen wahrgenommen. Weshalb sonst die Bestrafung? Weshalb sonst der Druck?

Mir geht es in diesem Punkt gar nicht darum, was eine gangbare Alternative wäre, welches System besser funktionieren könnte. Mir geht es darum, dass Sie erkennen, dass all unseren Denkgebilden, Handlungen und Systemen ein gewisses Menschenbild zugrunde liegt. Dieses gilt es zu betrachten und gegebenenfalls zu hinterfragen. Auf keinen Fall sollte es unreflektiert übernommen werden.

Jede Bewertung von anderen Menschen geschieht durch eine bestimmte, persönliche Brille. Besonders heimtückisch sind diese Vorurteile, wenn sie subtil, also unter der Oberfläche wirken. Dann wissen wir nämlich nicht, dass sie ihre Wirkung entfalten, sie schwingen einfach unbemerkt mit. Wenn uns beispielsweise jemand unsympathisch ist, weil er uns an unseren Ex-Partner erinnert, mit dem die Beziehung nicht gut lief, dann wissen wir wenigstens, worin diese Ablehnung begründet zu sein scheint. Unsere Art, andere Menschen zu bewerten, im schlimmsten Fall abzukanzeln, fußt jedoch in den allermeisten Fällen auf unserem Menschenbild.

Der Mensch ist das einzige Lebewesen, das von sich eine schlechte Meinung hat.

George Bernard Shaw

Hinzu kommt, dass wir uns unser ganzes Leben in Relation zu anderen setzen. Daraus ergibt sich unsere Identität. Wir sind dicker, dünner, reicher, ärmer, größer, kleiner, witziger, humorloser, schneller, langsamer, intelligenter, dümmer, attraktiver, unattraktiver als andere. Wir benötigen Vergleichswerte für die Einschätzung von uns selbst. Da kann es manchmal helfen, sich selbst künstlich klüger erscheinen zu lassen, indem wir andere künstlich „dümmer" erscheinen lassen. Dies sieht man anhand der Covid-Diskussionen sehr schön: Abweichende Meinungen werden nicht nur nicht angenommen, sie werden regelrecht zerbröselt und das Gegenüber gleich mit.

Wenn ich also der Ansicht bin, dass Menschen tendenziell vernunftbegabt sind, werde ich vermutlich anders in Diskussionen reagieren, ihnen Platz und Berechtigung einräumen, als wenn ich glaube, dass nur wenige andere Menschen vernunftbegabt sind.

Diese indirekte – und mittlerweile oft auch schon direkte – Abwertung anderer sagt natürlich auch etwas über den eigenen Selbstwert und die Meinung über sich selbst aus. Geht man davon aus, dass die Gattung Mensch dumm und dem Untergang geweiht ist, bezieht man sich selbst natürlich mit in diese Bewertung ein, selbst wenn man sich selbst explizit von dieser Meinung ausnimmt. Irgendwie schwingt dies immer mit. Sie kennen vermutlich folgenden Satz: „Alle Kreter sind Lügner!". Pikant und paradox ist dieser Satz vor allem dann, wenn er von einem Kreter geäußert wird.

Die entscheidende Frage ist daher nicht nur, welche Meinung wir über andere Menschen haben, sondern vor allem, welche Meinung wir über uns selbst haben.

> • Müssen wir, als Schutzmechanismus der eigenen Identität, andere herabwürdigen, um den Schein der eigenen Unverwundbarkeit aufrecht zu erhalten?

Der Umgang mit anderen Menschen ist folgerichtig auch immer ein Spiegel, der indirekt den Umgang mit uns selbst zeigt. Selbstwert erhält man nicht dadurch, indem man den Selbstwert von anderen angreift oder zerstört.

Was können/dürfen wir von anderen erwarten?

Das Menschenbild, welches tief in uns verborgen ist und hin und wieder sein Antlitz zeigt, besonders in Extremsituationen, beeinflusst die Erwartungshaltung, mit der wir in verschiedene Situationen starten.

Es hat sich bewährt, an das Gute im Menschen zu glauben, aber sich auf das Schlechte zu verlassen.

Alfred Polgar

> • Wie beurteilen Sie diesen Satz?
> • Würden Sie ihm zustimmen?
> • Wenn ja, an welchen Situationen machen sie Ihre Entscheidung fest?
> • Ist dieser Satz vielleicht so etwas wie eine selbsterfüllende Prophezeiung?

Ich kenne Menschen, die seit Jahren auf Partnersuche sind und insgeheim denken, dass sie sicherlich betrogen werden vom zukünftigen Partner. Nun, es dürfte klar sein, an welche Sorte von Menschen sie verstärkt geraten. Doch damit nicht genug. Wenn der zukünftige Partner die treueste Seele überhaupt ist, dann hätte sich Partner A umsonst die ganze Zeit Sorgen gemacht, betrogen zu werden.

Außerdem muss man bedenken, dass Negativerfahrungen oder schwere Enttäuschungen oftmals viel stärker wirken als Positiverfahrungen. An diese gewöhnen wir uns viel schneller - oder wann haben Sie sich das letzte Mal über das Lächeln auf dem Gesicht Ihres Kindes gefreut oder über einen guten Rat eines guten Freundes?

- Oder sind Sie jemand, der an das Gute im Menschen glaubt?
- Der Enttäuschungen zwar auch erlebt, diese aber eher als Ausnahme, denn als Regel wahrnimmt?
- Wie wirkt sich Ihr Menschenbild auf Ihre Lebensqualität aus?
- Haben Sie in der aktuellen Covid-Diskussion vielleicht auch schon einer anderen Person jegliche Vernunft und Intelligenz abgesprochen?
- Wie war das für Sie?
- Bereuen Sie dies?
- Hat dies Ihren Erkenntnisstand verbessert oder nur für verbrannte Erde gesorgt?
- Wie können Sie in Zukunft solche Situationen verhindern?

Nicht Worte sollen wir lesen, sondern den Menschen, den wir hinter den Worten fühlen.

Samuel Butler

Dieses Zitat ist wohl eines der wichtigsten in diesem Buch. Es deutet auf die Wichtigkeit hin, dass wir den Menschen hinter den geäußerten Worten und Emotionen nicht aus dem Blick verlieren dürfen. Wenn Menschen massive Angst verspüren, dass sie sich mit dem Corona-Virus anstecken, bringt es nichts, wenn die Gegenpartei diese Angst kleinredet oder sie vollkommen negiert. Gleiches gilt für Menschen, die auf die Straße gehen, weil sie Angst haben, dass ihnen ihre wirtschaftliche Existenz abhandenkommt. Jeder Mensch empfindet und reagiert anders auf Extremsituationen. Vor allem hat jeder von uns eine andere Ausgangssituation. Erwachsene mit Kindern werden vermutlich zu anderen Ansichten und Schlussfolgerungen gelangen als karriereorientierte Singles, die die Auswirkungen der Krise noch nicht gespürt haben. Welche Meinung hat mehr Gewicht?

Viele von uns scheinen verlernt zu haben, die Meinung des Gegenübers zu akzeptieren und mit ihm auf Augenhöhe zu diskutieren. Wenn man hinter die Fassade der Worte und Emotionen blickt, bleibt ein Mensch mit einer individuellen Geschichte übrig, der es verdient hat, dass man ihn „sieht" und „hört". Vielleicht sorgt diese existentielle Durchdringung zum Kern des Gegenübers dafür, dass wir uns näher fühlen und nicht mehr versuchen, ihn abschätzig zu behandeln, sondern ihn und seine Meinung zu respektieren.

Nur wer den Menschen liebt, wird ihn verstehen. Wer ihn verachtet, ihn nicht einmal sehen.

Christian Morgenstern

Ob wir uns mit ihm einigen, steht auf einem anderen Blatt Papier, doch das Fundament einer gesunden Diskussion kann nur so aufgebaut und gewahrt bleiben. Vielleicht ist aktuell nicht der richtige Zeitpunkt, um zu einem Kompromiss oder idealerweise zu einem Konsens zu gelangen, dann sollte man alles dafür tun, damit dies zu einem anderen Zeitpunkt der Fall sein kann. Dies bedeutet natürlich nicht, dass dieses Vorhaben immer von Erfolg gekrönt sein wird.

Die Menschen werden nicht von den Dingen, sondern von den Meinungen über die Dinge gepeinigt.

Karl Leberecht Immermann

> • Wenn Sie diesen Satz akzeptieren, wie würde dies Ihre Meinung zu wichtigen Themen im aktuellen Weltgeschehen beeinflussen?

- Kann es sein, dass Sie in gewissen Teilaspekten Ihres Lebens übertriebene Ängste haben, die sie in die Irre führen oder sind Ihre Ängste wohlbegründet?
- Können Sie überhaupt zugeben, Angst zu verspüren, wenn dies tatsächlich der Fall sein sollte?

Angst ist ein starker Antrieb. Wir wollen Dingen, die uns peinigen, entfliehen. Doch was passiert eigentlich, wenn wir merken, dass es nur wir selbst sind, die diese Peinigung durchführen?

Versuchen Sie einmal, diese potenzielle Erkenntnis auf Bereiche zu übertragen, in denen Sie große Ängste verspüren.

- Ist es Ihre Gesundheit, um die Sie sich Sorgen machen? Sind es Finanzen, um die Sie sich Sorgen machen?
- Ist es das Wohlergehen Ihrer Liebsten, um das Sie sich Sorgen machen?
- Wie wäre es einmal mit einem Tag, an dem Sie sich überhaupt keine Sorgen machen und keine Ängste verspüren?
- Wie würde sich das anfühlen?
- Wie würde sich Ihre Meinung zu den verschiedenen Themenkomplexen verändern?

Die größte Ehre, die man einem Menschen antun kann, ist die, dass man zu ihm Vertrauen hat.
Matthias Claudius

Wenn ich andere Menschen für dumm, unzuverlässig und böse halte, dann kann ich meinem Umfeld auch nicht trauen. Ich möchte mir gar nicht ausmalen, wie die Lebensqualität leidet, wenn man diese Ansichten vertritt. Tatsächlich habe ich Menschen kennengelernt, die mit dieser Grundeinstellung durchs Leben gehen.

Umgekehrt könnte ich Sie nun fragen, wem Sie in Ihrem Leben absolutes Vertrauen schenken.

- Gibt es solche Menschen in Ihrem Leben?
- Denken Sie, dass Menschen Vertrauen verdient haben?
- Wie würde sich Ihr Leben verändern, wenn Sie die Meinung hätten, dass Menschen prinzipiell vertrauenswürdig sind?

Ich möchte nur anmerken, dass ich nicht von Naivität rede in diesem Zusammenhang. Es geht nicht darum, dass Sie Ihr gesamtes Vermögen an eine Witwe in Tansania schicken. Es geht beispielsweise darum, offen und ehrliche Kommunikation zu betreiben.

Welche Lehren ziehen wir aus Corona?

Bei aller Diskussion, egal auf welcher Ebene sie geführt wird, bleibt die Frage bestehen, wie es nach der Pandemie weitergehen soll. Die Krise wird Spuren hinterlassen. Sowohl kommunikative als auch gesellschaftliche Spuren.

Bestimmte Ängste werden vermutlich stärker zu Tage treten, da andere Menschen prinzipiell als Gefahr oder im Speziellen als Krankheitsträger, identifiziert werden. Die Erfahrungen der Spaltung und der Aggression in der Kommunikation wird ebenfalls in Erinnerung bleiben. Jeder Mensch wird anders mit diesem Erfahrungsschatz umgehen und unterschiedliche Lehren daraus ziehen. Manche werden verstärkt die Kommunikation suchen, andere wiederum werden sich verstärkt isolieren.

- Wie geht es weiter mit sozialen Institutionen, wie Familie, Freundeskreis oder Vereinsleben?
- Ist es möglich, ursprüngliche Unvereinbarkeiten, die viele Dinge zu Tage gebracht haben zu überwinden?
- Werden wir daran wachsen oder daran zugrunde gehen?

35

Im Grunde sind es doch die Verbindungen mit Menschen, die dem Leben seinen Wert geben.

Wilhelm von Humboldt

Als ehemaliger Kommunikationstrainer ist es mir persönlich wichtig, mit anderen Menschen in den Kontakt zu gehen. Ich liebe persönliche Gespräche, die den Wesenskern des anderen zeigen. Genauso verstehe ich Menschen, die dieses Bedürfnis nach sozialem Kontakt nicht in dieser Ausprägung wie ich haben. Dennoch werden die meisten Menschen bestimmte Bezugspersonen haben, denen sie sich mehr oder minder öffnen und mitteilen. Lassen wir nicht zu, dass diese Krise, die in Wahrheit eine Wertekrise ist, uns entzweit und spaltet. Nehmen wir selbst das Ruder in die Hand und gehen in den respektvollen Austausch mit anderen Menschen.

Ich habe es schon geschrieben, doch ich schreibe es an der Stelle noch einmal. Wir selbst haben es in der Hand, ob wir aus dieser Krise gestärkt hervorgehen.

DER UNERSCHÜTTERLICHE GLAUBE AN WISSENSCHAFT UND TECHNIK

„Wir leben in einem gefährlichen Zeitalter. Der Mensch beherrscht die Natur, bevor er gelernt hat, sich selbst zu beherrschen."

Albert Schweitzer

Im gesamten Diskurs rund um Corona schwingt ein unerschütterlicher Glaube an die Technik und die Wissenschaft mit. Seit der industriellen Revolution ist die Menschheit technisch rasant vorangeschritten, bis zu einem Wohlstand, den noch keine Gesellschaft bis dato erleben durfte. Tatsächlich lebten wir vor und während der Pandemie, zumindest in Zentraleuropa, in der besten aller Welten, wenn wir die monetären und wirtschaftlichen Faktoren berücksichtigen. Glück und Zufriedenheit stehen wieder auf einem anderen Blatt Papier, dessen Schrift für viele Menschen sehr schwierig zu entziffern ist. Glück in Zahlen zu fassen, gestaltet sich mithin weitaus schwieriger, als den eigenen Kontostand zu erfassen.

Die größte Förderung verdankt das menschliche Geschlecht der Technik, d.h. der Kunst, Körper und ihre Bewegungen zu messen, schwere Lasten zu bewegen, zu bauen, Schifffahrt zu treiben, Werkzeuge zu jeglichem Gebrauch herzustellen, die Bewegungen am Himmel, die Bahnen der Gestirne, den Kalender und so weiter zu berechnen.

Thomas Hobbes

Es gibt wohl kaum einen Grund, das Primat der Wissenschaft und im Speziellen das der Technik anzuzweifeln. Technik ermöglicht uns, instantan mit jedem Menschen auf der Welt zu kommunizieren, egal wie weit weg er sich auch befindet. Sie versetzt uns in die Lage, uns schneller fortzubewegen als jemals zuvor. Sie ermöglicht uns, eine unglaubliche Fülle von Wissen bereit zu stellen, sodass eine Vielzahl von Menschen davon profitieren kann. Bildung – wie auch immer wir diesen Terminus genau definieren – war wohl noch nie weiter verbreitet als heute.

Die Technik hat es geschafft, dass ich hier an meinem Laptop, in meiner beheizten Wohnung, die Tasten zum Glühen bringen kann, während der Geschirrspüler hinter mir schnurrt, wie ein Kätzchen und Alexa mir die neuesten Nachrichten ins Ohr flüstert. Nein, Technik enttäuscht ganz selten, und wenn doch, dann verzeihen wir ihr relativ schnell wieder, weil sie vieles deutlich einfacher macht.

Bald, sehr bald, so pfeifen die digitalen Spatzen von den Dächern, wird Technik Technik, in Form Künstlicher Intelligenz, selbst schaffen. Spätestens ab diesem Zeitpunkt muss sich die Gattung Mensch neu positionieren auf dieser schönen Welt.

Wissenschaft und Probleme, die sie schafft

Ja, Wissenschaft und Technik haben uns viele Probleme bewältigen lassen. Doch sie haben im selben Atemzug neue Probleme erschaffen. Man denke nur an unsere Konsumlust und an die Auswirkungen, die sie auf unsere Umwelt hat. All die Verbesserungen, die Technik und Wissenschaft uns bescheren, haben in uns den Glauben geschürt, dass auch alles technisch lösbar ist. Doch ist dies tatsächlich so? Uns sollte bewusst sein, dass Technik und Wissenschaft nur eine Möglichkeit von vielen ist, die Welt zu betrachten und zu begreifen.

Aller Fortschritt zersetzt, trennt, löst auf, zersplittert kompakte Solidaritäten, zerreißt althergebrachte Zusammenhänge, zerstört, sprengt in die Luft. Aller Fortschritt hat das Thema, das Dasein zu irrationalisieren, es widerspruchsvoller und fragwürdiger, tiefer und bodenloser zu machen.

Egon Friedell

Ein Zitat wie eine Bombe.

> - Wie stehen Sie zu diesem vernichtenden Urteil von Egon Friedell?
> - Sehen Sie den wissenschaftlichen Fortschritt ebenfalls so negativ?

Zweifelsohne scheint Wissenschaft und Technik einen maßgeblichen Einfluss auf die Art und Weise zu haben, wie wir die Welt und unsere Mitmenschen sehen.

Wenn ich einen Partner suche, dann soll mir gefälligst ein möglichst ausgefeilter Algorithmus die passenden Vorschläge liefern. Wenn ich keine Kunden für mein Angebot habe, dann sollen gefälligst Algorithmen dafür sorgen, dass kaufwillige Kunden meinen Onlineshop stürmen. Ernähre ich mich ungesund, soll gefälligst ein Algorithmus entwickelt werden, der mir dabei hilft, abzunehmen und wenn das nicht geht, soll er dafür sorgen, dass ich mich nicht zu sehr anstrenge, damit ich nicht merke, dass ich außer Form bin.

Der Großteil unserer Denkprozesse wird mittlerweile ausgelagert. Wir lassen digitalen Suchmaschinen den Denkvortritt. Wir überlassen Onlineportalen die Suche nach Partnern oder Jobs. Wir überlassen Algorithmen das Denken über unser Leben. Vielleicht halten Sie dieses Buch einzig und allein in Ihren Händen, weil ein Algorithmus es Ihnen ans Herz gelegt hat. Teilweise kann man schon nicht mehr zwischen Algorithmus und unserer Meinung oder Vorlieben unterscheiden. Erziehen wir den Algorithmus oder er uns?

Technik und Wissenschaft in der Kritik

Kritik an Wissenschaft und Technik hat es schon immer gegeben, wie wir an diesem Zitat unschwer erkennen können. Es wurde von niemand geringerem als Johann Wolfgang von Goethe geäußert.

Mikroskope und Fernröhre verwirren eigentlich den reinen Menschensinn

Johann Wolfgang von Goethe

Nun hat sich seither viel getan, was den technischen Aspekt unseres Lebens betrifft. Mikroskope und Fernrohre sind leistungsfähiger denn je. Zusätzlich haben sich Smartphones, das Internet und andere technische Gimmicks in unser Leben geschlichen.

Viel technischer Schnickschnack ist wahrlich gekommen, um zu bleiben. Er beeinflusst unseren Lebensrhythmus und natürlich die Art, wie wir die Dinge betrachten und wie wir über sie denken. Er beeinflusst sogar unsere Haltung und unsere Bewegung – man denke nur an die Menschen, die dauernd auf Ihr Smartphone schauen, während sie sich durch den Straßenverkehr kämpfen oder an der Bushaltestelle warten.

Ob ein technisches Werkzeug gut oder schlecht ist, kann unmöglich vom Werkzeug selbst beantwortet werden. Der Zweck muss immer vom Benutzer, und das sind ja noch wir Menschen, beurteilt und in einen sinnvoll-sozialen Kontext gesetzt werden. Friedrich Nietzsche hat dies, vor über 120 Jahren, sehr schön erfasst.

Ein Werkzeug kann nicht seine eigene Tauglichkeit kritisieren: Der Intellekt kann nicht selber seine Grenze, auch nicht sein Wohlgeratensein oder sein Missratensein bestimmen.

Friedrich Nietzsche

Es ist immer noch der Mensch oder der gesellschaftliche Verbund, in dem er lebt, der entscheidet, was ethisch wertvoll oder ethisch weniger wertvoll ist. Gleichzeitig bedeutet dies, dass er diese Entscheidung oder dieses Urteil nicht weiterleiten oder abgeben kann. Die Entscheidung liegt voll und ganz bei ihm bzw. bei der Gesellschaft.

Technik postuliert keine ethischen Imperative

Gleichzeitig erschüttert die Erkenntnis, dass keine Handlungsempfehlung von Daten und Fakten abgeleitet werden können, viele unbewusst, denn sie lässt daran zweifeln, dass

Technik und Fortschritt Werte an sich sind, die einen ethischen Imperativ postulieren. Wir laden gerne vieles ab an unsere technischen Gefährten. Sei es Termine, Fragestellungen, Partner- oder Jobsuche und ja, auch Impfungen, die natürlich eine Folge technischer Entwicklung darstellen.

Bleiben wir, zum Zwecke der Illustration dieses Gedankenganges, beim Thema Impfung. Nur, weil es eine Impfung gibt, bedeutet dies nicht, dass sie auch verabreicht werden muss. Der Umgang mit den dahinerliegenden Fragestellungen ist ein gänzlich anderer Aspekt, der nicht durch das bloße Vorhandensein der Impfung beantwortet wird, auf keinen Fall beantwortet werden kann. Viele Menschen tun jedoch so, als ob dies möglich wäre. Dies gilt für jede technische Entwicklung und für jeden vermeintlichen Fortschritt.

Eben meinte ich noch, dass wir gerne vieles abladen an unsere Gerätschaften. Mittlerweile kann es sogar passieren, dass wir von den Maschinen abgeladen werden, wenn wir uns den Verdrängungswettbewerb am Arbeitsmarkt ansehen. Wir konkurrieren nämlich nicht nur mit Menschen, sondern auch mit unserem eigenen technischen Fortschritt. Alles wird schneller, flexibler, akkurater. Doch wird das Leben dadurch für uns Menschen auch angenehmer durch unsere technischen Helferlein oder werden zusätzliche Abhängigkeiten erzeugt?

Glaube und Hoffnung

Die Hoffnung bei dieser Pandemie, die wir in die Technik und die Wissenschaft stecken, scheint selbstverständlich und logisch. Denn die letzten Jahrhunderte waren Technik und Wissenschaft treue Diener menschlicher Vorhaben.

Die Maschine ist die souveräne Beherrscherin unseres gegenwärtigen Lebens.

Egon Friedell

Haben Sie sich jedoch schon einmal gefragt, wann und ob Technik Ihnen womöglich schadet? Viele Menschen klagen über weniger Zeit, geringe Aufmerksamkeitsspannen und eine innere Zerrissenheit, die mit den technischen Möglichkeiten, insbesondere der Kommunikationsmöglichkeiten, einhergehen.

Ich selbst weiß, wie schwierig es ist, sich vom Smartphone für eine gewisse Zeit, und sei es nur beim Spaziergang, zu trennen. Schließlich möchte man wissen, wie viele Schritte man geschafft hat und man möchte natürlich immer erreichbar sein – nur und ausschließlich für den Notfall. Rekorde müssen erhöht, Prozesse optimiert werden. Zusammengefasst: Wir werden immer abhängiger von technischen Hilfsmitteln aller Art. Auch dieses Buch wurde, wahrscheinlich zu Ihrer großen Überraschung, nicht auf einer Schreibmaschine geschrieben, sondern auf einem Laptop, der ständig mit dem Internet verbunden ist. Wer die Technik opfert, opfert auch Bequemlichkeit und vor allem Geschwindigkeit.

Wie kann man also dieser Technik, die uns so viel Fortschritt, Verbesserungen und Bequemlichkeiten gebracht hat, nicht vertrauen? Hier eine kritische Stellungnahme:

Ich habe wohl auch meine Zeit an die Großartigkeit unserer Epoche der Technik geglaubt, aber jetzt fühle ich nur noch das Eine: daß sie die Erde entzaubert, indem sie alles allen gemein macht.

Christian Morgenstern

Kritisch könnte man einwenden, dass die Wissenschaft es möglich macht, dem Virus ja genau diesen Zauber zu nehmen, um ihn zu bekämpfen. Schließlich müssen wir ihn „entschlüsseln", um ihn zu bekämpfen. Wissenschaft hat den Anspruch, alle Phänomene in und jenseits der Welt zu „entzaubern", sodass wir über sie herrschen können. Was bei der Bekämpfung des Virus gelegen kommt, ist in anderen Bereichen überflüssig. Denn ist es für Ihr Wohlbefinden wirklich unbedingt notwendig zu wissen, wie viele Hunderttausende oder Millionen Schritte Sie im Jahr 2020 zurückgelegt haben?

Auch hier gilt, dass wir Menschen entscheiden müssen, wieviel Technik tatsächlich in unseren Lebensalltag Einzug halten muss. Die Steuerung der Glühlampe über eine App scheint als Partygag – noch – witzig zu sein, doch der Gang zum Lichtschalter könnte für die entscheidenden Schritte sorgen, die wiederum zu Ihrer Gesundheit beitragen.

Technik und Gesundheit

Es ist naheliegend, die eigene Gesundheit, wie oben mit dem Beispiel der Schritte angedeutet, von Maschinen, technischen Helferleins und Co. begleiten und optimieren zu lassen. Das folgende Zitat macht uns jedoch auf einen anderen Aspekt aufmerksam bei diesem Vorgehen:

Das sind die wahren Wunder der Technik, daß sie das, wofür sie entschädigt, auch wirklich kaputt macht.

Karl Kraus

- Wie würden Sie dieses Zitat verstehen und einordnen?
- Die Impfung scheint uns als Gesellschaft vor der Pandemie und ihren Auswirkungen zu retten. Welchen Preis müssen wir bezahlen?

Der Großteil der Menschen war, aus Angst und natürlich Solidarität mit den Schwächsten der Gesellschaft, bereit, große Freiheitseinschränkungen zu akzeptieren, und dies über eine sehr lange Zeitdauer. Dies geschah deshalb, weil das Vertrauen in die Wissenschaft und die Technik groß war, sodass eine Lösung herbeigeführt werden kann.

Selten ist es jedoch so, dass es nur EINE Lösung für ein Problem gibt. Alle, die mich kennen wissen, dass ich das Wort „alternativlos" vollkommen ablehne. Es gibt immer Alternativen zu einer bestimmten Vorgehensweise. Die Frage ist natürlich immer, welche Auswirkungen Handlung A und Handlung B haben für Sie als Individuum, aber auch für die Gesellschaft oder Ihre Umgebung. Sie werden auch nie alle Auswirkungen kennen, dies ist aufgrund der Komplexität der Realität auch nicht möglich. Schon deshalb wäre es vermessen, irgendetwas als einzige und unausweichliche Lösung für ein Problem zu identifizieren.

Dies soll keineswegs heißen, dass die Impfung schlecht oder falsch ist. Vielleicht ist es auch so, dass sie für manche Menschen die richtige Lösung ist und es für andere Menschen andere Lösungen gibt, die besser funktionieren. Eine differenzierte Betrachtungsweise sollte dabei helfen, die Komplexität der Realität besser abzubilden und in die eigenen Entscheidungsprozesse einfließen zu lassen.

An dieser Stelle können Sie sich beispielsweise fragen, weshalb Sie glauben, dass die Impfung das einzige Mittel zur Bekämpfung der Pandemie ist.

> - Ist eine einzige Vorgehensweise oder Strategie für alle Teilnehmer des sozialen Lebens wirklich die richtige Vorgehensweise?
> - Welches Wissen fehlt uns, um diese Frage zu beantworten?

BILDUNG, WAHRHEIT UND FAKE-NEWS

„Einseitige Bildung ist keine Bildung. Man muß zwar von einem Punkte aus-, aber nach mehreren Seiten hingehen. Es mag gleichviel sein, ob man seine Bildung von der mathematischen oder philosophischen oder künstlerischen her hat."

Johann Wolfgang von Goethe

Gegenwärtige Diskussionen rund um die Covid-Pandemie, haben implizit auch etwas mit dem Bildungs- und Wahrheitsbegriff zu tun. Dies sieht man anhand der Fake-News-Debatten. Die einen meinen, wie ungebildet man sein könne, auf Fake-News hereinzufallen, die andere Seite glaubt, dass sie durchaus logische Grundlagen haben könnten, und andere Instanzen möchten die Verbreitung von Fake-News überhaupt vollkommen unterbinden und übersehen dabei, dass es sehr schwierig ist, Fake News als solche zu entlarven.

In diesem Kapitel möchte ich ein wenig auf diesen Bildungsbegriff und seine Veränderung im Laufe der letzten Jahrhunderte eingehen. Eines ist nämlich gewiss, der Bildungsbegriff ist sehr eng mit dem jeweiligen Zeitgeist verknüpft. Auch der Begriff der „Wahrheit" ist noch eingehender zu untersuchen, wenn es um die aktuelle Diskussion geht. Denn, wer „Fake-News" unterbinden möchte, der muss tatsächlich „wissen", was „wahr" ist und was nicht.

Was das Individuum betrifft, so ist ohnehin jedes ein Sohn seiner Zeit; so wie auch die Philosophie ihre Zeit in Gedanken erfaßt.

Georg Wilhelm Friedrich Hegel

Auch das vorliegende Buch ist natürlich eine Folge des Zeitgeistes und der Dinge, die jüngst um uns herum passiert sind. Meine individuellen Erfahrungen und Bedürfnisse haben es bewirkt, dass ich abertausende Worte zu Papier gebracht habe.

Was ist Bildung?

Bildung ist ein großer Begriff, der viele Bedeutungen in sich vereinigt. Dies ist der Grund, weshalb er etwas schwammig verwendet wird. Humanistische Bildung musste in den letzten Jahrhunderten mehr und mehr der beruflich verwertbaren „Aus-Bildung" weichen. Die Diskussion über die Abschaffung sogenannter „Orchideen-Studiengänge", die keine direkte Verwertbarkeit am Arbeitsmarkt aufweisen, werden immer heftiger geführt.

Allein, dass es diese Diskussion überhaupt gibt, zeigt, was Bildung in unserer Gesellschaft leisten soll: Sie soll Menschen auf bestimmte Tätigkeitsbereiche in der Wirtschaft vorbereiten und ihnen das nötige Rüstzeug vermitteln, am Markt zu bestehen und einen gewissen „Output" zu produzieren. Dass Bildung auch etwas anderes leisten kann, beispielsweise den Menschen zu einem mündigen Bürger zu machen, gerät in den Hintergrund. Wobei natürlich auch hier die Frage gestellt werden kann, welcher Fähigkeiten und Wissensinhalte es bedarf, um als „mündig" eingestuft zu werden. Diese Tendenzen, nur direkt verwertbare Bildung zu lehren, haben natürlich auch monetäre Hintergründe.

Doch ist das wirklich alles? Ist diese Enge des Bildungsbegriffes gut für uns Menschen und unsere geistige Entwicklung? Ja, werden viele Leser sagen – was nützt es denn, wenn man in der Lage ist, Goethes Faust zu interpretieren, aber gleichzeitig die eigenen Rechnungen nicht bezahlen kann.

Bildung im zwanzigsten Jahrhundert erfordert vor allem und zunächst die instinktsichere Abwehr überzähliger Informationen.

Hans Kasper

Würden Sie diesem Zitat zustimmen? Demnach wäre Bildung so etwas wie ein instinktsicherer Selektionsmechanismus, der Wichtiges von Unwichtigem trennt. An dieser Stelle stehen wir vor der Herausforderung, in Erfahrung zu bringen, welches Wissen für die Zukunft von Bedeutung sein könnte und welches nicht.

- Wer entscheidet dies und nach welchen Kriterien?
- Welche Interessen stehen dahinter?

Aussagen, die auf den ersten Blick leicht zu erfassen sind und gut klingen, können einen Rattenschwanz an Fragen nach sich ziehen.

Orchideen sind schön, aber unbrauchbar

Auf den ersten Blick ist es durchaus logisch, dass wir uns auf unsere Aus-Bildung konzentrieren. Problematisch wird es, wenn wir alle anderen Elemente des Bildungsbegriffes außenvor lassen. So wäre es doch tragisch, wenn dem talentierten Künstler vom Malen seiner Werke abgeraten wird, damit er als Produktionsmitarbeiter sein tägliches Brot verdient. Es wäre genauso tragisch, den Produktionsmitarbeiter, der glücklich mit seiner Stelle ist, zum Malen zu zwingen. Es wäre tragisch, wenn der Musiker nicht an seinen musikalischen Fähigkeiten feilen könnte und stattdessen Autoverkaufsgespräche führen müsste. Weder das eine NOCH das andere ist schlecht. Eine Koexistenz wäre wünschenswert, wie auch immer diese im Detail aussehen mag.

An dieser Stelle könnten einige Leser einwenden, dass ich als Philosoph natürlich die Meinung vertreten müsse, dass brotlose Kunst dennoch Kunst sei. Doch bleiben wir gern in der Philosophie und nehmen einen der bekanntesten Vertreter dieser Zunft: Richard David Precht. Der deutsche Philosoph verkaufte bis Ende 2020 über 3 Millionen Exemplare seiner Bücher und ist gern gesehener Talkgast in verschiedenen Fernsehformaten.[2] In seiner Schul- oder Studienzeit war dieser Erfolg höchstwahrscheinlich noch nicht absehbar.

Was ich damit sagen will: Niemand weiß, wie erfolgreich auch ein „Orchideenstudium" machen kann. Niemand kann sagen, welche Fähigkeiten wir zukünftig auf dem Arbeitsmarkt brauchen.

Kann es beispielsweise sein, dass wir in zukünftigen wirtschaftlichen Fragen Philosophen zu Rate ziehen müssen? Derzeit sieht es nicht so aus, obwohl die Corona-Debatte etwas anderes andeutet. Doch Zukunft ist niemals eine lineare Extrapolation in die Zukunft.

> - Macht nur Geld und Berühmtheit erfolgreich?
> - Oder ist man erfolgreich, wenn man ohne Ruhm und Reichtum glücklich ist?

Falls der Eindruck entstehen sollte, dass diese Ausführungen sich vom Kernthema entfernen – ich schweife keineswegs vom Thema ab, denn natürlich hat der Erfolgsbegriff etwas mit dem Bildungsbegriff zu tun. Wer Erfolg ausschließlich mit Ruhm, Geld oder wirtschaftlichem Wohlergehen gleichsetzt, wird sehr darauf aus sein, seine Bildung so auszuwählen, dass diese seine Ziele befördert. Wer braucht dann noch Goethes Faust? Wer der Ansicht ist, dass nur direkt verwertbare Bildung „gute" Bildung ist, wird alles daransetzen, „überflüssige", sprich nicht direkt für den Job verwertbare Bildung, zu meiden.

Bildung ist die Fähigkeit, Wesentliches vom Unwesentlichen zu unterscheiden und jenes ernst zu nehmen.

Paul Anton de Lagarde

Dieses Zitat von de Lagarde erfasst sehr allgemein, worum es beim Bildungsbegriff gehen kann. Allerdings verlagert es unser „Problem" nur auf eine andere Ebene. Denn was wesentliches und was unwesentliches Wissen ist, bestimmt der jeweilige Zeitgeist. Wissensinhalte, die kurzfristig von Bedeutung sind, werden allen anderen Bildungsinhalten – verständlicherweise – vorgezogen. Was langfristig von Bedeutung ist, können wir nicht sicher wissen.

Was nützt es dem Menschen, wenn er Lesen und Schreiben gelernt hat, aber das Denken anderen überlässt?

Ernst R. Hauschka

Dieses Zitat legt nahe, dass Lernen und Bildung unterschiedlicher Natur sind. Bildung wird hier mit der Fähigkeit zu denken gleichgesetzt, also mit einem Metaprozess, der auf den Schreib- und Leseprozess folgt. Mich persönlich erinnert dies sehr an die Kompetenz des Philosophierens: über Dinge nachzudenken, ihre Folgen abzuschätzen, verschiedene Elemente in Beziehung zu setzen, ihre Auswirkungen einzuschätzen, etc.

Man muss viel gelernt haben, um über das, was man nicht weiß, fragen zu können.

Jean-Jacques Rousseau

Das Zitat von Jean-Jacques Rousseau bringt es auf den Punkt, woran es derzeit in etlichen gesellschaftlichen Diskussionen hapert. Ich bin der festen Überzeugung, jegliche Form der Bildung ist auf ihre eigene Art und Weise „nützlich". So etwas wie „nutzloses" Wissen gibt es nicht, zumal unser Gehirn keine triviale Maschine ist, die Input A unweigerlich zu Output A macht. Jede Form von Wissen kann, muss jedoch nicht, verwertbar sein für den Träger.

Wir wissen niemals, welches Wissen, welche Form der Bildung, wir in der Zukunft benötigen, deshalb wäre es fatal, jegliche Form der Bildung als unnütz zu bezeichnen.

Bildung ist das, was übrigbleibt, wenn wir vergessen, was wir gelernt haben.

Edward Frederick Lindley Wood

Auch hier gibt es eine Entkoppelung zwischen dem Prozess des Lernens und dem Phänomen der Bildung. Überlegen Sie selbst, was bei Ihnen übrigbleiben würde, wenn Sie alles, was Sie gelernt haben, in Ihrem Leben plötzlich vergessen. Ein spannendes Unterfangen mit noch spannenderen Einsichten.

Wissen macht Macht

„Willst du für ein Jahr vorausplanen, so baue Reis. Willst du für ein Jahrzehnt vorausplanen, so pflanze Bäume. Willst du für ein Jahrhundert planen, so bilde Menschen."

Guan Zhong

Auch diesem Zitat würden vermutlich viele Menschen zustimmen, doch beantwortet es auch nicht die Frage, welches die tatsächlichen, idealen Bildungsinhalte sein könnten. Andererseits zeigt es sehr schön, wie wichtig die Form der Bildung für die Art und Weise ist, wie wir unser Leben verbringen. Wer also die Staatsmacht innehat, tut gut daran, das Bildungssystem ebenfalls so zu gestalten, dass die jeweilige Staatsmacht nicht in Gefahr ist. Wie dies gelingen kann und ob dieser Aspekt im heutigen Schulsystem zu verorten ist, überlasse ich Ihrer geschätzten Meinung, liebe Leserin und lieber Leser.

Bildung und Respekt

Etwas, das man in den aktuellen Diskussionen so schmerzlich vermisst, ist der Respekt für das Gegenüber. Ich habe bereits beschrieben, dass vieles vom jeweiligen Menschenbild abhängt, doch auch der Bildungsbegriff und die jeweilige Auffassung über Bildung haben Auswirkungen auf die Art, wie ich kommuniziere.

Niemand urteilt schärfer als der Ungebildete, er kennt weder Gründe noch Gegengründe.

Anselm Feuerbach

- Wen halten Sie für ungebildet?
- Woran erkennen Sie, dass jemand ungebildet ist?
- Woran erkennen Sie, dass Sie gebildet sind?

Jemand anderen abzukanzeln fällt wesentlich leichter, als sich selbst in den richtigen Kontext zu setzen. Eine demütige Haltung, besonders im Bereich der Bildung, hat nur wenigen Menschen geschadet. Im Gegenteil - diese Demut hilft dabei, sich selbst zurückzunehmen und den Kommunikationspartner mit anderen Augen zu sehen.

Ein jeder ist dir auf irgendeinem Gebiet überlegen, und von jedem kannst du etwas lernen.

Ralph Waldo Emerson

Mit dieser Haltung, die auch ein gewisses Menschenbild transportiert, lebe es sich ganz anders, als wenn ich von Grund auf denke, dass alle anderen Menschen unwissend, ungebildet und ganz einfach dumm sind. Uns selbst gehen durch solch eine oberflächlich-negative Betrachtung unseres Gegenübers vermutlich wertvolle Inputs verloren. Dieses Zitat sollte man daher immer im Hinterkopf haben.

Als Kontrast zum eben beleuchteten Zitat bringe ich eines vom Philosophen Arthur Schopenhauer.

Zum Denken sind wenige Menschen geneigt, obwohl alle zum Rechthaben.

Arthur Schopenhauer

Merken Sie, dass hier eine ganz andere „Energie" mitschwingt als beim Zitat von Emerson? Wer mit dieser Haltung in eine Konversation tritt, wird vermutlich einen anderen Verlauf bewirken als mit der Haltung Emersons. Sie haben die Wahl!

Spezialistentum versus Bildung

Die derzeitige Diskussion ist vor allem auch geprägt von Menschen unterschiedlichen Bildungsniveaus. Ehemalige Laien lesen sich in bis dato unbekannte Themen ein und bauen Wissen auf. Spezialisten beraten bei Entscheidungen, die riesige Auswirkungen auf die Art und Weise haben, wie wir miteinander leben und kommunizieren. Generalisten oder Universalgelehrte gibt es schon sehr lange nicht mehr.

Der Spezialist ist nicht gebildet; denn er kümmert sich um nichts, was nicht in sein Fach schlägt. Aber er ist auch nicht ungebildet; denn er ist ein Mann der Wissenschaft und weiß in seinem Weltausschnitt glänzend Bescheid. Wir werden ihn einen gelehrten Ignoranten nennen müssen, und das ist eine überaus ernste Angelegenheit; denn es besagt, daß er sich in allen Fragen, von denen er nichts versteht, mit der ganzen Anmaßung eines Mannes aufführen wird, der in seinem Spezialgebiet eine Autorität ist.

José Ortega y Gasset

Dieses Zitat von Gasset bringt die Situation sehr gut auf den Punkt. Was uns zu fehlen scheint, um diese Covid-Chance auch zu nutzen, sind Menschen, die die einzelnen Punkte der Spezialisten verbinden.

Ein Virologe wird vermutlich andere Entscheidungen treffen als der Vorstand eines Milliardenunternehmens. Ein Wissenschaftler wird vermutlich zu anderen Entscheidungen und Empfehlungen gelangen als ein Hausmann mit drei Schulkindern. Diese Pluralität der verschiedenen Ansichten und Meinungen erleben wir derzeit als Belastung. Gibt es eine Möglichkeit, diese Vielfalt als Bereicherung für den Diskurs anzusehen? Viele Perspektiven und Aspekte können für Impulse, aber natürlich auch für Verwirrung sorgen. Es liegt an uns, welchen Weg wir einschlagen.

Nicht allen Menschen ist es eigentlich um ihre Bildung zu tun. Viele wünschen nur so ein Hausmittel zum Wohlbefinden, Rezepte zum Reichtum und zu jeder Art von Glückseligkeit.

Johann Wolfgang von Goethe

Bildung als Wert an sich scheint heute nicht mehr existent zu sein. Dauernd muss Bildung für etwas „gut" sein. Sie muss einen schnell verwertbaren Zweck erfüllen. Vielleicht soll sie glücklich machen, vielleicht soll sie reich machen, im derzeitigen Idealfall möglicherweise beides.

Kritiker könnten einwenden: Wenn der Bildungsbegriff inhaltlich „leer" ist, welchen Wert hat er dann? Nun, vielleicht ist es genau diese „Leere", die ihn so wertvoll macht. Vielleicht ist es genau diese „Ungerichtetheit", die dabei hilft, Richtung zu erkennen und die richtigen Schlüsse zu ziehen. Wir werden es nicht herausfinden, wenn wir uns ausschließlich an Spezialgebiete klammern und diese immer weiter ausdifferenzieren.

Diese Art des Denkens, des Spezialistentums, hat uns sehr weit gebracht, keine Frage. Derzeit scheinen wir mit dieser Vorgehensweise jedoch in einer Sackgasse. Vielleicht hilft eine andere Form von Bildung. Einen Versuch ist es allemal wert.

„Je vollständiger man ein Individuum lieben oder bilden kann, je mehr Harmonie findet man in der Welt: je mehr man von der Organisation des Universums versteht, je reicher, unendlicher und weltähnlicher wird uns jeder Gegenstand."

Friedrich Schlegel

Bessere Worte als diese hier finde ich selbst nicht, deshalb beschließe ich dieses Kapitel mit diesem positiven Impuls.

DAS SPANNUNGSFELD ZWISCHEN INDIVIDUUM UND GESELLSCHAFT

„Menschen verschiedener Kulturen haben sowohl unterschiedliche Anschauungen über das Verhältnis zwischen Gott und Mensch, Individuum und Gruppe, Bürger und Staats, Eltern und Kinder, Mann und Frau als auch über die relative Bedeutung von Rechten und Pflichten, Freiheit und Autorität, Gleichheit und Hierarchie. Diese Unterschiede sind in Jahrhunderten gewachsen. Sie sind weit fundamentaler als die Unterschiede von Ideologien oder von Regierungssystemen."

Samuel P. Huntington

Alle bisher geführten Diskussionen über Beschränkungen, Freiheiten, Demokratie, Solidarität, etc. bewegen sich letzten Endes im Spannungsfeld zwischen Individuum und Gesellschaft. Das Verhältnis zwischen Bürgern und Staat schwingt implizit in jeder Debatte mit. Dennoch taucht dieses Spannungsverhältnis sehr selten als direkter Diskussionspunkt auf. Selbstverständlich weist dieses Themengebiet viele Parallelen zum jeweiligen Menschenbild auf.

Wer meint, dass der Mensch von Natur aus böse ist, wird „mehr" Staat fordern. Dem Menschen und seinen Begierden muss vom weisen Staat Einhalt geboten werden. Wer meint, dass der Mensch von Natur aus „gut" ist und edle Absichten pflegt, wird tendenziell für „weniger" Staat plädieren.

Im Zusammenhang mit der Pandemie gibt es die eine Seite, die der festen Überzeugung ist, dass ausschließlich der Staat wieder für „normale" Verhältnisse sorgen kann. Andere wiederum sehen sich in den Eingriffen des Staates, die unweigerlich mehr werden, nachhaltig ihrer Freiheit beschnitten.

- Welche Seite nehmen Sie persönlich ein?
- Finden Sie es gut, dass der Staat uns als „Lenker" durch die Krise führt, oder sind Sie der Überzeugung, dass mehr Menschen an diesen Entscheidungsprozessen teilnehmen sollten?

Individuum versus Staat

Egal, welche Antwort Sie eben auch gegeben haben, ab einem gewissen Punkt widersprechen sich individuelle Bedürfnisse mit denen der Gesellschaft. Die politische Führung sorgt im Idealfall für Gesetze und Regeln, die verhindern, dass individuelle Bedürfnisse Vorrang haben. In jedem Fall gibt es hier Widersprüche zu vereinigen, damit ein friedliches Miteinander möglich ist.

Wo der Staat anfängt, hört das Individuum auf.

Michail Alexandrowitsch Bakunin

- Würden Sie diesen Satz unterschreiben?
- Oder gibt es Überschneidungen zwischen den Interessen des Individuums und des Staates, die es dem Individuum möglich machen, seine Ziele auf der Basis der Reglementierungen des Staates zu verfolgen?
- Ist der Staat immer hinderlich?
- Ist das Individuum immer hinderlich für den Staat?

Aber es geht noch extremer, wenn wir uns folgendes Zitat zu Gemüte führen:

Der Staat ist der Fluch des Individuums.

Henrik Ibsen

Wer die Idee vertritt, dass der Staat ausschließlich Böses wolle und der Feind der individuellen Bedürfnisse ist, wird sich wohl in der Diskussion anders positionieren als derjenige, der der Meinung ist, Gemeinwohl und Individualität müssen sich die Waage halten. Die alles entscheidende Frage in diesem Kontext ist jedoch: Ist es möglich, auch ohne das Eingreifen des Staates, auf Dauer Gemeinwohl zu erschaffen?

Was ist eigentlich die Hauptaufgabe des Staates? Zu dieser Frage habe ich eine interessante Antwort von Emil Gött gefunden:

Der Beruf ist der Weg, das Individuum auf eine Weise, die der Gesamtheit dient, vom Leben zum Tod zu bringen.

Emil Gött

Was konkret bedeutet in diesem Kontext „dienen"? Sehr spannende Sichtweisen, die es durchzudenken gilt.

Ich habe diese extreme Polarisierung in den Debatten über die Staatseingriffe immer mit besonderem Interesse verfolgt. Zweifelsohne macht der Staat von seiner ihm verliehenen Macht Gebrauch, denn schließlich will die Pandemie bewältigt werden. Als Staatslenker möchte man sich nie dem Vorwurf ausgesetzt sehen, nicht „genug" gemacht zu haben und für den überflüssigen und tragischen Tod von Menschenleben verantwortlich zu sein. In letzter Instanz kostet das Zustimmung und in weiterer Folge auch Macht. Systemtheoretisch könnte man sagen, dass das politische System alles dafür tut, um sich selbst zu reproduzieren, wie alle anderen Systeme auch.

Nun gibt es jedoch diejenigen, die sich strikt dagegen wehren, dass der Staat immer weiter ins Leben des Einzelnen eingreift, selbst wenn es um die Bekämpfung einer Pandemie geht. Andere wiederum sehen in der strikten Intervention des Staates die einzige Möglichkeit, auf die Herausforderungen der Pandemie zu antworten.

- Wie ist nun diese Polarisierung zu erklären?
- Welches könnten Antriebe sein, weshalb Menschen, teilweise ohne zu hinterfragen, der Autorität des Staates Folge leisten?

Die meisten Menschen haben das starke Bedürfnis nach einer Autorität, die sie bewundern und der sie sich unterwerfen können, die sie beherrscht und manchmal sogar mißhandelt. Von der Psychologie des Individuums haben wir gelernt, woher dieses Verlangen kommt: Es ist die Sehnsucht nach dem Vater.

Sigmund Freud

- Was macht dieses Zitat mit Ihnen?
- Zu welchen Augenblicken in Ihrem Leben fühlen Sie sich zurückversetzt?
- Haben Sie vielleicht an dieser Stelle wütend das Buch zugeschlagen und lesen nun erst, nach einigen Tagen Abstand weiter?
- Könnte eine Kern Wahrheit in der Hypothese Freuds versteckt sein?
- Oder ist sie als Ganzes abzulehnen?

Daß jedes Individuum, jeder engere Kreis das Maß der Freiheit besitzt, welches überhaupt mit der Ordnung des Gesamtstaatswesens verträglich ist - das zu erreichen, diesem Zweck möglichst nahe zu kommen, halte ich für die Aufgabe jeder vernünftigen Staatskunst.

Otto von Bismarck

Wir können fragen: Wieviel Beschränkung ist nötig, um das Maximum an individueller Freiheit zu generieren, ohne dass das Gemeinwohl gefährdet wird? Die Pandemie ist sicherlich diesbezüglich eine Ausnahmesituation, zumal jeder für jeden eine potenzielle Gefahr darstellen kann. Doch Gesetze und Reglementierungen zeigen ihre Qualität vor allem in solchen Extremsituationen. Wir werden nicht umhinkommen, über dieses besondere Verhältnis von Individuum und Staat auch in Zukunft zu diskutieren, um zu ausgewogenen Lösungen und Entscheidungen zu gelangen.

Gerechtigkeit

Ein Zitat, welches derzeit besonderen Anklang auf Sozialen Medien findet, ist folgendes von Immanuel Kant: „Die Freiheit des Einzelnen endet dort, wo die Freiheit des Anderen beginnt".

Ich persönlich denke, dass die Interpretation dieses Zitates neue Färbungen erhalten hat durch die Covid-Diskussion. Es wird vor allem benutzt, um den Begierden des Individuums Einhalt zu gebieten. Mit einem „unsichtbaren" Gegner, in Form eines Virus, scheint es tatsächlich so, als ob wir von anderen verlangen könnten, sich selbst einzuschränken, um gemeinwohlorientiert und solidarisch zu handeln.

Die Herausforderung dieser Forderung sehe ich persönlich gar nicht im Kontext des Virus, sondern in allen zukünftigen Diskussionen. Wer sich selbst Macht oder Privilegien verschafft hat, gibt diese ungern wieder ab. Dies sehen wir nicht nur bei Menschen, sondern auch bei Institutionen, politischen Regierungen oder sonstigen Verbänden.

Die Idee einer absoluten Gerechtigkeit ist schön, doch ist sie auch in die Realität überführbar?

„Die absolute Gerechtigkeit ist eine theoretische Konzeption, die sich nicht verwirklicht. Die Gerechtigkeit, die wir erlangen können, ist die Diagonale eines Kräfteparallelogramms, dessen Seiten die Macht und das Rechtsideal sind. Das Gefüge der Gesellschaft erlegt jedem Individuum gewisse Verkümmerungen auf."

Max Nordau

- Würden Sie es auch so drastisch formulieren wie Max Nordau?
- Ist es vielleicht sogar gut, wenn gewisse Dinge am oder im Individuum verkümmern, zum Wohle der Gesellschaft?

Das Individuum und der Egoismus

„Was nicht originell ist, daran ist nichts gelegen, und was originell ist, trägt immer die Gebrechen des Individuums an sich.“

Johann von Goethe

Das Verhältnis von Staat und Individuum ist natürlich eng verknüpft mit der Interpretation des Individuums.

> • Was fällt Ihnen als erstes ein, wenn Sie an das Wort „Individuum" denken?
> • Sind es positive Assoziationen oder machen sich negative Gedanken breit?

Das Individuum wird oftmals gleichgesetzt mit dem Ego und Ego wird in den allermeisten Fällen negativ assoziiert.

> • Welche Gedanken kommen Ihnen, wenn Sie das Wort „Ego" hören, oder das Wort „Egoist"?
> • Gibt es vielleicht positive Konnotationen dieses Begriffes? Was könnte gut am eigenen Ego sein?
> • Gibt es gute Egoisten?

Bereits beim Eingangszitat von Johann Wolfgang von Goethe ist erkennbar, dass das Individuum für Originalität, aber gleichzeitig für „Unvollkommenheit" oder für „Unperfektion" steht. Der eine Aspekt scheint den anderen Aspekt zu bedingen.

Hier nun drei positive Interpretationen zum Individuum:

Ist das Leben des Individuums nicht vielleicht ebenso viel wert wie das des ganzen Geschlechts? Denn jeder einzelne Mensch ist schon eine Welt, die mit ihm geboren wird und mit ihm stirbt. Unter jedem Grabstein liegt eine Weltgeschichte.

Heinrich Heine

-

„In jedem Menschen, in jedem Individuum betrachtet sich eine Welt, ein Universum."

Giordano Bruno

-

„Das große, schöpferische Individuum ist zu mehr
Weisheit und Tugend fähig, als es der kollektive
Mensch je sein kann."

John Stuart Mill

Wenn wir uns diese Zitate vor Augen führen, dann scheint
es gar nicht so, als ob das Individuum etwas Ungestümes
wäre, das von der staatlichen „Vernunft" gezähmt werden
müsse.

Auch Albert Einstein schlägt in dieselbe Kerbe.

**„Als das eigentlich Wertvolle im menschlichen Ge-
triebe empfinde ich nicht den Staat, sondern das
schöpferische und fühlende Individuum, die Persönlichkeit: Sie allein schafft das Edle und Sublime."**

Albert Einstein

Menschliches Getriebe, also das Leben, wird für ihn nur
durch das Individuum kostbar. Der Staat scheint nichts
Schöpferisches an sich zu haben. Es bleibt die Frage, ab wann
das Schöpferische behindert wird durch den Staat oder ob der
Staat Bedingungen schaffen kann, die das Edle im menschlichen Individuum nach außen kehren können. Es ist alles eine
Frage der Auffassung des Individuums.

Individualismus und Egoismus werden gesellschaftlich oftmals sehr negativ bewertet, wie bereits beschrieben. Das Zitat
von Novalis schlägt dabei in eine völlig andere Kerbe.

**Alles Schöne ist ein selbsterleuchtetes, vollendetes
Individuum.**

Novalis

- Was ist in Ihren Augen ein selbsterleuchtetes und vollendetes Individuum?
- Ist es ein egoistisches, asoziales Element, welches sich nicht ins gesellschaftliche Gefüge einbringen will oder kann?
- Ist es ein Element, welches stets das Beste für alle am Leben beteiligten Seiten anstrebt?
- Ist ein vollendetes Individuum rücksichtslos und kümmert sich nur um die eigenen Interessen?
- Ist ein Gebilde in Form eines Staates überhaupt notwendig, um das Individuum zu vollenden?

Der Staat

Wenn wir uns folgendes Zitat von Johann Wolfgang von Goethe zu Gemüte führen, dann scheinen staatliche Interventionen durchaus sinnvoll und unabdingbar zu sein:

Die vollendete sittliche Größe ist in keinem Individuum der Menschheit vorhanden, wird also nur gedacht und nirgends angeschaut.

Johann Wolfgang von Goethe

Natürlich obliegt es unserer Vorannahmen, zu welcher Interpretation wir gelangen.

- Ist eine vollendete sittliche Größe überhaupt notwendig, um in friedlicher Koexistenz mit anderen Menschen zu leben?
- Oder ist eine vollendete Sittlichkeit der Maßstab, den wir anstreben?
- Wie definieren Sie Sittlichkeit?

Gleichzeitig können wir fragen, ob ein Zuviel des Staates, also zu viel Intervention in allen Bereichen, zu viele Einschränkungen der Freiheit, auch negative Auswirkungen mit sich bringen, oder ob eine Einmischung des Staates unumgänglich ist, um nicht im Chaos zu versinken. Welche Meinung haben Sie dazu?

Da jedes Individuum der maßgebendste Sachwalter seiner Interessen ist, darf die Gesellschaft ihre Sorge für es nicht zu weit treiben, sonst steht zu fürchten, daß es sich ausschließlich auf sie verlasse und daß der Gesellschaft damit eine Aufgabe zufiele, die sie unfähig wäre zu erfüllen.

Alexis de Tocqueville

Tocqueville macht auf einen interessanten Punkt aufmerksam. Wenn sich der Staat um jede Kleinigkeit des Individuums kümmert, in jeden Teilbereich des Lebens eingreift und sie reguliert, schafft er damit gleichsam ein Abhängigkeitsverhältnis. Nach dem Motto: Wenn sich sowieso jemand anders um meine Angelegenheiten kümmert, dann brauche ich selbst gar keinen Finger mehr zu krümmen.

Es kann auch der Weg in die erlernte Unmündigkeit und somit Abhängigkeit sein - ein Loslösen aus jeglicher Form von Selbstverantwortung, welches dem Individuum von Staatsseite oftmals sowieso vorgeworfen wird. Es wäre eine Ironie des Schicksals, wenn der Staat selbst dafür sorgt, dass aus mündigen und selbstverantwortlichen Bürgern, welche werden, die unmündig sind und Probleme auf den Staat abwälzen.

Ein Mehreingriff des Staates, der unweigerlich die Einschränkung der individuellen Freiheit nach sich zieht, kann durchaus negative Langzeitfolgen aufweisen. Dabei könnten sich die daraus resultierenden Probleme noch vervielfältigen, wenn man sich folgendes Zitat vor Augen führt:

Das Menschengeschlecht, von Natur aus schlecht, ist durch die Gesellschaft noch schlechter geworden. Jeder Mensch bringt die Fehler mit 1. der menschlichen Natur, 2. des Individuums, 3. des Standes, dem er im sozialen System angehört. Diese Fehler verschlimmern sich mit der Zeit, und jeder Mensch faßt älter werdend, verletzt durch die Fehler der andern

**und unglücklich durch seine eigenen, eine Verach-
tung gegen die Menschheit und die Gesellschaft, die
notwendig zum Nachteil beider ausschlägt.**

Nicolas Chamfort

Zugegeben, dies ist ein sehr negatives Beispiel.

- Könnte es sein, dass das genaue Gegenteil der Fall ist?
- Wenn das Individuum gut ist, kann es sein, dass der Staat diese positiven Tendenzen stärkt?
- Sorgt der Staat für die Multiplikation des Guten?
- Oder ist etwas Wahres an der Darstellung Nicolas Chamforts?

Individualität ist gelebte Freiheit.

Unbekannt

- Die entscheidenden Fragen sind folgende: Wieviel Freiheit sind Sie bereit aufzugeben und für wie lange?
- Wie gehen Sie mit Menschen um, die zu anderen Ergebnissen als den Ihrigen gelangen?

UNSER LEBEN IM SPANNUNGSFELD ZWISCHEN OPTIMISMUS UND PESSIMISMUS

„Optimismus und Pessimismus unterscheiden sich lediglich im Datum des Weltuntergangs."

Unbekannt

Bis dato habe ich einige wichtige Themengebiete aufgegriffen. Wir haben uns Gedanken darüber gemacht, wie das Individuum sich mit der Gesellschaft verträgt und umgekehrt. Wir haben uns über verschiedene Menschenbilder und das Verhältnis von Gesellschaft und Wissenschaft den Kopf zerbrochen. Sogar über den Tod galt es in diesem Buch schon nachzudenken.

Nun jedoch komme ich zu einem äußerst wichtigen Thema, welches tatsächlich viel zu kurz kommt und dennoch alle anderen Themen beeinflusst:

Durch welche Brille sehen Sie die Welt?

Diese Frage kommt so unscheinbar daher, doch sie ist entscheidend dafür, welche Entscheidungen wir treffen und wie wir die Dinge interpretieren, die in der Welt so geschehen. Wer dauernd negativ gestimmt ist oder sogar in Angst lebt, der wird tendenziell mehr Sicherheiten suchen als jemand, der frohen Mutes, manchmal sogar naiv, durch die Welt geht.

Mir persönlich kommt es derzeit so vor, als würde die Krise uns herausfordern, Stellung zu diesem Thema zu beziehen. Subtil und unter der Oberfläche, aber dennoch wahrnehmbar. Sind Sie Optimist oder Pessimist oder können Sie sich gar nicht entscheiden? Ist Ihr Glas halb voll oder halb leer? Die Philosophen unter uns haben es bei diesem Themengebiet wirklich schwer, da sie nicht einmal sicher sein können, ob überhaupt ein Glas vor ihnen steht (kleiner Scherz am Rande).

In meinen Recherchen habe ich einen reichen Fundus an Meinungen und Standpunkten zum Thema Optimismus und Pessimismus gefunden. Beginnen wir einmal mit folgender Meinung zum Einstieg:

Optimismus ist Intelligenzverfettung.

Elbert Hubbard

- Wie stehen Sie zu dieser Aussage?
- Welches Menschen- und Weltbild kommuniziert Elbert Hubbard hier durch die Blume?

Als krassen Gegenansatz dazu folgendes Deutsches Sprichwort:

Optimismus kann kostbare Medizin sein.

Anonym

- Wie stehen Sie persönlich zu diesem Sprichwort?
- Ist da was Wahres dran?
- Ist Optimismus tatsächlich etwas Kostbares, etwas, das uns sogar heilen kann in gewisser Art und Weise?
- Oder sorgt gar der Pessimismus für ein besseres Leben?

Ist Optimismus dumm oder gar gefährlich?

Vielleicht sind Sie selbst auch schon einmal als unverbesserlicher Optimist bezeichnet worden. Dies könnte man nun positiv, aber auch negativ auffassen. Positiv, wenn Sie nichts aus der Ruhe bringt und Sie dennoch frohen Mutes und voller Tatendrang die Herausforderungen Ihres Lebens annehmen. Negativ, wenn damit ausgedrückt werden soll, dass Sie sich in blinder Naivität ins nächste, risikobehaftete Abenteuer stürzen.

Optimismus wurde in der Vergangenheit oft mit Risiko oder sogar mit Gefahr in Verbindung gebracht, was folgendes Zitat gut illustriert:

**Optimismus ist die extremste Form der Verwegen-
heit.**

Anatole France

- Wie sehen Sie diesen Punkt?
- Finden Sie, dass Optimismus für Menschen sogar zur Gefahr
  werden kann?

Die aktuelle Corona-Debatte zeigt sehr gut, dass kurzfristi-
ger Optimismus einem Langzeitoptimismus weichen musste.

Kurzfristig muss man pessimistisch und vorsichtig sein,
damit es nicht mehr Todesopfer zu beklagen gibt, um langfristig auf eine Veränderung der Lage zu hoffen. Der Optimismus
wird zeitlich nach hinten verschoben. Er wird auf ein überge-
ordnetes Ziel gelenkt, welches Lösungen und eine Verbesse-
rung der Lage verspricht. Kurz- und mittelfristig bedeutet
diese Einstellung eine totale Fokussierung auf den Pessimismus, denn Mutationen können stattfinden und das Gesundheitssystem jederzeit überlastet werden. Es ist schier keine
Zeit für einen allumfassenden Optimismus. Gilt das in jeder
Krise? Schopenhauer findet dazu klare Worte:

**Aber Optimismus ist, in den Religionen, wie in der
Philosophie, ein Grundirrtum, der aller Wahrheit
den Weg vertritt.**

Arthur Schopenhauer

Der Philosoph setzt Optimismus mit Irrtum gleich.

- Wie geht es Ihnen damit?
- Regt sich in Ihnen Widerstand oder finden Sie diesen Ver-
  gleich zutreffend?

Um eines drauf zu setzen, habe ich noch zwei provokante
Zitate gefunden:

**Optimismus: die Lehre oder der Glaube, daß alles
schön sei, das Häßliche eingeschlossen; daß alles gut
sei, besonders das Schlechte; daß alles richtig sei,**

auch das Verkehrte. Am zähesten halten jene daran fest, die am meisten Enttäuschung und Not gewöhnt sind, und am glaubwürdigsten wird er mit einem Grinsen erklärt, das ein Lächeln nachäfft. Als blinder Glaube ist er dem Lichte der Widerlegung unzugänglich – eine intellektuelle Krankheit, die jeder Behandlung trotzt und die nur der Tod heilt. Er ist vererblich, aber glücklicherweise nicht ansteckend.

Ambrose Gwinnett Bierce

-

Der Ort, an dem der Optimismus die größten Blüten treibt, ist die Irrenanstalt.

Havelock Ellis

Nun, wenn Optimismus mit Geisteskrankheit gleichgesetzt wird, wer will dann schon optimistisch sein oder sich, noch schlimmer, sich als Optimist zu erkennen geben? Natürlich wird in den drei vorangegangenen Zitaten der Begriff des Optimismus sehr extrem dargestellt. Er wird gleichgesetzt mit blindem, naivem Glauben an das Gute und mit Schönfärberei der Realität. Die wenigsten Menschen würden vermutlich dieser Definition von Optimismus zustimmen. Die Frage ist, ob es auch andere Formen des Optimismus gibt.

Das nächste Zitat führt uns vielleicht schon auf die richtige Spur:

Optimismus soll und darf nicht durch Lüge genährt werden, sondern durch die Wahrheit, durch Siegesgewißheit, die über jeden Zweifel erhaben ist.

Julius Fučík

Die Nahrung, die Energie für den Optimismus darf keine Lüge sein. Wenn ich mir persönlich auch noch so sehr einrede, dass ich ein Adonis bin und deshalb „optimistisch" durchs Leben gehe, in Wahrheit aber 125 Kilogramm auf die Waage bringe, weil ich zu viel esse und mich zu wenig bewege, dann werde ich früher oder später mit der Realität „kollidieren".

Wenn ich mir jedoch eingestehe, dass ich tatsächlich zu viele Pfunde auf den Rippen habe, dann kann ein „naiver" Optimist daran glauben, dass diese von alleine purzeln. Ein „vernünftiger" Optimist wird sich einen Ernährungs- und Trainingsplan zusammenstellen und daran glauben, dass er diese auch umsetzen kann, um die gewünschten Ergebnisse zu erzielen. Dies bedeutet, dass es unterschiedliche „Grade" des Optimismus gibt, die wiederum die persönliche Tatkraft beeinflussen.

Ein gemäßigter Optimismus, wie er ja ohnehin aus einer echten Philosophie des Lebens entspringt, gehört zur Diätetik des Herzens.

Ernst von Feuchtersleben

Ernst von Feuchtersleben nennt meine eben beschriebene Form des Optimismus „gemäßigt" und legt nahe, dass diese lebensbejahend und eigentlich selbstverständlich ist. Wie sehen Sie dies? Ist Optimismus etwas Natürliches, im Leben Angelegtes?

Das Gute am Optimismus

Bereits in der Einleitung Werk habe ich geschrieben, dass alle Ansichten auch Produkte des jeweiligen Zeitgeistes sind. So auch die Haltung zum Optimismus.

In der Philosophie ist die Modeströmung der Pessimismus. Schopenhauer ist Gott und Hartmann sein Prophet.

Max Nordau

Selbst der berühmte Philosoph Schopenhauer war gewissermaßen ein Produkt des damaligen Zeitgeistes. Bei der Interpretation der jeweiligen Zitate müssen wir dies immer im Hinterkopf behalten, auch was deren Aussagekraft betrifft.

Sie können sich nun folgende Frage stellen: Ist der Optimismus etwas Gutes? Die nächsten beiden Zitate würden diese Frage in jedem Fall bejahen:

Mangel an Optimismus ist Mangel an Wunsch-kraft.

Franz Marc

-

Der Optimismus ist der wahre Stein der Weisen, der in Gold verwandelt, was immer er berührt.

Jean Etienne Chaponnière

Wenn wir uns diese beiden Zitate vor Augen führen, dann sieht die Sache schon ganz anders aus. Hier wird Optimismus als Superkraft dargestellt, die alles in Gold verwandeln kann, was sie auch berührt.

Es ist wirklich spannend, wie unterschiedlich die Sicht auf die Dinge sein kann. Dieses Phänomen beobachten wir in derzeitigen Diskussionen beinahe tagtäglich. Vielleicht ist es ein hilfreicher Impuls, wenn Sie sich darüber freuen, wie unterschiedlich die Perspektiven doch sein können. Jede hat ihre individuelle Geschichte und Berechtigung.

Wie gut ist der Pessimismus?

Die Meinungen betreffend den Optimismus gehen weit auseinander. Wie sieht es dann erst beim Pessimismus aus? Mancher Philosoph verehrte ihn ja. Hier die Frage an Sie: Was ist das Gute am Pessimismus?

Ein Zitat dazu:

Pessimismus ist ganz wesentlich Leidenschaft, heißer Wunsch und Wille, das Elend des Daseins zu mildern und die Schäden der Gesellschaft zu bessern.

Johannes Scherr

Scherr sieht im Pessimismus etwas Edles, nämlich den Antrieb, die Welt zum Besseren zu wenden. Hier könnte man fragen: Wieviel Optimismus steckt im Pessimismus, wenn eine Veränderung zum Positiven der Antrieb des Pessimismus ist?

Die Gefahr des Pessimismus besteht darin, daß er müde macht und eine politische Reaktion erleichtert.

Ludwig Anzengruber

Anzengruber ist genau gegenteiliger Meinung. Er sieht die Gefahren im Pessimismus.

- Wie sehen Sie dies?
- Ist Pessimismus sogar gefährlich?

Der Pessimismus ist eine Art geistiger Trunksucht; er verschmäht gesunde Nahrung, frönt dem Genuß des Haderns und Anklagens und bringt sich künstlich in einen Zustand der Niedergeschlagenheit, der ihn nach stärkeren Mitteln greifen läßt.

Rabindranath Tagore

Tagore spielt in diesem Zitat auf die Verstärkung eines Teufelskreises an, wenn dem Pessimismus gewährt wird. Alles Negative schaukelt sich so lange auf, bis die Situation eskaliert und eine pessimistische Sicht der Dinge tatsächlich der Realität entspricht. Man könnte dies auch als selbsterfüllende Prophezeiung bezeichnen. Nun eine provokante Frage: Wenn es letzten Endes immer um selbsterfüllende Prophezeiungen geht, weshalb wählt man dann nicht gleich den Weg des Optimismus?

Auch folgendes Zitat rechnet gnadenlos mit dem Pessimismus ab:

Der Pessimismus glaubt immer, es sei mit der Welt zu Ende, wenn Gott sie nicht nach unseren kurzsichtigen, menschlichen Ansichten leitet. Die größten, segenreichsten Weltereignisse erscheinen oft den Zeitgenossen, selbst den Besten unter ihnen, als trostlos und verderbenbringend. Er ist somit eine traurige, jede gute Tatkraft lähmende Weltanschauung.

Wilhelm Emmanuel von Ketteler

Fragen Sie sich selbst, ob pessimistische Episoden in Ihrem Leben Sie motivierten, die Dinge zu ändern oder eher lähmend wirkten.

- Hat Sie Ihre pessimistische Haltung Sie vielleicht sogar vor Schlimmerem bewahrt?
- Hat Sie vielleicht Ihr Optimismus in eine verfängliche Lage gebracht?

Alle Optionen sind schlussendlich denkbar und es ist eine Frage unserer Einstellung zum Leben, wie wir die Dinge sehen. Niemand hat diesen Umstand schöner in ein Zitat gegossen als Albert Lange:

Ein frommer Irrtum aber ist der Optimismus, denn dieser sowohl wie sein Gegenteil, der Pessimismus, sind nur Erzeugnisse menschlicher Ideologie. Die Welt der Wirklichkeit ist an sich weder gut noch schlecht.

Friedrich Albert Lange

Ist es möglich, in einer Welt zu leben, ohne jemals etwas als gut oder schlecht zu bewerten? Manche Denkrichtungen schlagen tatsächlich diese geistige Haltung vor – die Dinge ohne Bewertung unsererseits anzunehmen, wie sie eben sind.

- Ist diese Haltung nicht auch eine Form des Optimismus?
- Ein unerschütterliches Vertrauen in das Leben?
- Und ist Pessimismus vielleicht ein unerschütterliches Misstrauen?

Der Sinn des Lebens wäre ein Unsinn, wenn er nicht auf Freude gestellt wäre. Alle Unlust, alle Traurigkeit ist ein schmerzliches Verlangen nach Lust. Diese ist der produktive Gedanke der Schöpfung, jene nur seine Negation. Der Pessimismus ist ein anmaßender Kritiker des höchsten Kunstwerkes, des Lebens.

Carl Ludwig Schleich

Schleich spricht hier einen interessanten Punkt an. Er sieht die Vermehrung der Lust als oberstes Ziel des Lebens. Demzufolge sollte stets die Freude der Antrieb allen menschlichen Schaffens sein und nicht fortdauernde Negativität. Wie stehen Sie dazu?

Das Beste aus beiden Welten

Vielleicht sehen wir die Trennung zwischen Optimismus und Pessimismus viel zu eng. Vielleich gibt es die Möglichkeiten, die Vorteile beider „Welten" miteinander zu kombinieren. Der Pessimismus soll uns kurzfristig vor größerem Schaden bewahren. Der Optimismus hingegen soll uns die Zuversicht und die Energie zur Verfügung stellen, Herausforderungen langfristig zu meistern.

Was wir brauchen ist Nüchternheit: einen Pessimismus des Verstandes, einen Optimismus des Willens.

Antonio Gramsci

Irgendwie passt dieses Zitat sehr gut in die heutige Zeit. Wir stehen vor großen gesellschaftlichen Herausforderungen und Veränderungsprozessen. Diese gab es natürlich auch schon in der Vergangenheit, doch selten wurde die ganze Welt gleichzeitig von ihnen erfasst – die Weltkriege einmal ausgenommen. Nun haben wir es mit Situationen zu tun, in denen unsere Verhaltensmuster der Vergangenheit wirkungslos erscheinen. Es ist völlig normal, dass neue Situationen neue Herangehensweisen erfordern.

- Fragen Sie sich selbst: Was ist das Gute an der vorherrschenden Krise?
- Wie konnten Sie persönlich von ihr profitieren (emotional, sozial, finanziell, zeittechnisch, etc.)?
- Was können Sie tun, um in Zukunft von der Krise zu profitieren?

Diese Fragen scheinen, aufgrund des großen Leides, das weltweit herrscht, fast schon anmaßend. Doch es bringt uns keinen Schritt weiter, wenn wir im Pessimismus verharren und untätig bleiben.

Veränderung beginnt ausschließlich in uns selbst. Sie können anderen Veränderung nicht „vorschreiben" und wenn, dann nur äußerst kurze Zeit. Gehen Sie als Beispiel voran und machen Sie etwas, wofür Sie vor der Krise vielleicht gar keine Zeit oder Energie hatten. Schreiben Sie ein Buch. Schreiben Sie einen Blog. Setzen Sie sich mit Musik auseinander. Komponieren Sie. Lernen Sie ein Musikinstrument. Entwickeln Sie ein Kinderspiel. Schreiben Sie Gedichte. Beginnen Sie mit dem Malen. All das kann Ihnen helfen, die Freude am Leben zu finden und zu behalten.

Genauso können Sie jedoch aus jeder positiven Situation etwas Negatives machen. Es liegt an unserem Weltbild. Es ist unsere Entscheidung, wie wir mit den Gegebenheiten der Welt umgehen.

Eigentlich hat's ja nicht viel auf sich mit dem besten Pessimismus. An dem Glücklichen gleitet er ab wie Wasser an der pomadisierten Ente, und der Unglückliche weiß ohne weiteres Bescheid.

Wilhelm Busch

- Können Pessimisten glücklich sein?
- Können Optimisten unglücklich sein?
- Welche Haltung trägt zur Erhöhung Ihrer Lebensqualität bei?

Mit dem folgenden Zitat beende ich dieses Kapitel. Es versucht, den Optimismus als menschliche Grundkonstante zu beweisen. Prüfen Sie selbst, ob dieser Beweis für Sie stimmig ist.

Das Gedächtnis behält die Erinnerung an Freuden leichter und länger als die Erinnerung an Schmerzen, gedenkt des Guten länger als des Schlechten und liefert damit einen Beweis für den Optimismus des Menschen.

Jürgen Bona Meyer

ARBEIT UND MENSCHSEIN

Ein wirklich virulentes Themenfeld in aktuellen Diskussionen ist das Spannungsfeld zwischen Gesundheit, Mensch und Wirtschaft. Spätestens seit der industriellen Revolution waren die Gegensätze zwischen den wirtschaftlichen und menschlichen Belangen ein großes Thema. Immer wieder wurden auf einem bestimmten Menschen- und Wirtschaftsbild bestimmte Glaubenssysteme gebaut, die teilweise grandios scheiterten.

Wir scheinen uns derzeit ebenfalls in Zeiten zu befinden, in denen viele Neuausrichtungen, Umstrukturierungen und Werteverschiebungen stattfinden. Vielleicht spüren Sie diese sogar am eigenen Leib. Vielleicht kündigt sich gerade das Scheitern gewisser Glaubenssysteme an.

Im aktuellen Diskurs wird das Wirtschaftssystem als Gegenspieler zur Gesundheit auserkoren. Wir müssen jedoch darüber nachdenken, was Wirtschaft genau ist und wie wir Wirtschaft betreiben möchten.

- Geht es gar ohne Wirtschaft?
- Geht es ohne Arbeit?
- Geht es ohne Einkommen?
- Was macht das mit unserem Gesundheitssystem?

Denn eines scheint klar, selbst ohne die aktuelle Krise hätten wir massive Probleme mit der Finanzierung verschiedener Bereiche (Sozialsystem, Pensionssystem, etc.). Die vorherrschende Situation trifft uns deshalb mit voller Wucht, weil wir wirtschaftlich und von der Altersstruktur der Gesellschaft – dies gilt vor allem für Europa – schon in den Seilen hingen. Zeit, diese Themenfelder genauer unter die Lupe zu nehmen.

Wirtschaft ist böse

„Aktiengesellschaft: raffinierte Einrichtung zur persönlichen Bereicherung ohne persönliche Verantwortung."

Ambrose Bierce

Arbeit zum Broterwerb scheint ein notwendiges Übel zu sein. In einer krisenhaften Situation muss sich die Gesellschaft die Frage stellen, was Wirtschaft zu leisten hat und was nicht. Polemisch werden Wirtschaft und das Gesundheitssystem als erbitterte Kontrahenten gegenübergestellt. Es scheint klar zu sein, dass es ohne gesunde Menschen keine gesunde Wirtschaft geben kann (Künstliche Intelligenz, Robotik und Automatisierung lassen anderes erahnen). Doch kann es ein gutes Gesundheitssystem geben, ohne dass dafür Geld bezahlt wird, welches vorher erwirtschaftet werden muss?

Beide Elemente scheinen sich zu bedingen und dennoch werden sie gegeneinander ausgespielt. Weshalb ist dies so? Vielleicht hilft das Eingangszitat zu diesem Kapitel, dies zu verstehen. Hier fallen Worte wie Bereicherung, keine persönliche Verantwortung, etc. Die Wirtschaft scheint dem puren Bösen eine Plattform zu geben. Wer will denn da nicht dagegen argumentieren, vor allem, wenn es um die eigene Gesundheit geht? Keine Frage, wer hier den Kürzeren zieht.

In einem engen Zusammenhang mit der Wirtschaft, dem Handel und der Produktion, steht immer wieder das Geldverdienen. Deshalb versuchen die einzelnen Marktakteure, über verschiedene Strategien Geld zu verdienen. Ich versuche es mit Büchern und Beratungsleistungen, andere wiederum verkaufen Lebensversicherungen oder reinigen Büros. Die Möglichkeiten, Geld zu verdienen, auch passiv, sind mannigfaltig. Darüber hinaus gibt es Menschen, die Geld zur Verfügung haben, aber nicht (mehr) dafür arbeiten müssen, weil andere dieses Geld für sie erwirtschaften: Wohlhabende Erben, Arbeitssuchende, Menschen mit Handicap, Senioren, Kinder/Jugendliche, etc. Diese verdienen zwar kein Geld, doch

geben es aus und befeuern dadurch natürlich den Wirtschafts-
kreislauf. Auch sie sind wichtige Wirtschaftsteilnehmer, an
denen sich das unternehmerische Angebot orientiert.

- Was ist die konkrete Aufgabe der Wirtschaft?
- Welche Vorteile sollen die Teilnehmer durch die Teilnahme
  am Wirtschaftsleben haben?
- Was soll Wirtschaft leisten?
- Was sind Sie bereit, für die Wirtschaft zu leisten?

**Es gibt kaum etwas auf dieser Welt, das nicht ir-
gendjemand ein wenig schlechter machen und etwas
billiger verkaufen könnte.**

John Ruskin

Gehen Sie konform mit dieser Sichtweise? Es ist eine ver-
steckte Kritik am andauernden Herabsenken verschiedener
Qualitätsstandards in der Massenproduktion, um mehr Geld
zu verdienen.

Dies ist natürlich immer auch eine Kritik an der Geldgier,
an dem Drang, Geld anzuhäufen, koste es, was es wolle.

**Wer der Meinung ist, dass man für Geld alles ha-
ben kann, gerät leicht in den Verdacht, dass er für
Geld alles zu tun bereit ist.**

Benjamin Franklin

- Was wären Sie bereit, für Geld zu tun?
- Wie sehr würden Sie Ihre Werte verleugnen, nur um den eigenen Job zu behalten und Ihre Miete zahlen zu können?
- Mussten Sie in Ihrem Leben schon einmal ethisch „zurück-
  stecken", um am Ende des Monats einen Scheck ausgestellt
  zu bekommen?
- Macht Ihnen Ihre Arbeit Spaß?
- Womit würden Sie den Tag verbringen, wenn Sie nicht arbeiten müssten?

Das Geld, das man besitzt, ist das Mittel zur Freiheit, dasjenige, dem man nachjagt, das Mittel zur Knechtschaft.

Jean-Jacques Rousseau

„Geld ist nicht alles!" – diesen Satz hört man häufig, vor allem von Leuten, die bereits viel Geld ihr Eigen nennen können. Er trifft natürlich auch zu. Aber das würde, rein logisch, auf jede Entität in der Welt zutreffen, denn „Liebe ist ebenso nicht alles!". Es gibt auch noch andere Formen der Emotionalität.

Welche Gedanken verknüpfen Sie mit dem Streben nach Geld? Was bedeutet Geld für Sie persönlich? Haben Sie genug davon oder möchten Sie gerne mehr haben? Möchten Sie vielleicht sogar weniger Geld besitzen? Belastet Sie Ihre finanzielle Situation? Wie könnten Sie sie verbessern?

Ganz nüchtern betrachtet, ist das Gesundheitssystem auch nur eines von vielen Systemen.

- Würde das Gesundheitssystem noch funktionieren, wenn man den Krankenschwestern, Pflegern oder Ärztinnen kein Geld mehr überweist?
- Wer erwirtschaftet das Geld für die Behandlungskosten?
- Kann ein Gesundheitssystem unabhängig vom jeweiligen Wirtschaftssystem gedacht werden?

In jedem Fall muss Geld erwirtschaftet werden, um das System zu finanzieren. Pfleger, Ärzte, Gerätschaften, Immobilien, etc. müssen finanziert werden. Was ich damit sagen möchte ist, dass es gar nicht so einfach ist, das Gesundheitssystem, ohne seine Umwelt, zu denken. Wir leben in einer Welt der Polaritäten, die sich gegenseitig bedingen. Die Frage ist, wie wir sie bewerten und mit ihnen umgehen.

Ist jedes Geschäft gut/schlecht?

„Für augenblicklichen Gewinn verkaufe ich die Zukunft nicht."

Werner von Siemens

Natürlich muss jeder von uns darüber nachdenken, welche Geschäfte er zu welchem Preis abschließt.

- Wie weit geht man für eine gewisse Höhe an Profit?
- Verkauft man seine Ideale, nur um ein vollgepacktes Konto zu haben?
- Wir müssen uns außerdem fragen, ob es nicht auch Möglichkeiten gibt, mit gemeinwohlorientierten Projekten Geld zu verdienen.
- Kann man mit guten Absichten und Handlungen überhaupt reich werden?
- Oder kann man nur viel Geld verdienen, indem man seine Ideale verkauft?

Darüber hinaus müssen wir stets die Frage beantworten, ob wir bei einem Geschäft oder bei der Ausführung der eigenen Arbeit in Kauf nehmen, jemand anderem einen Schaden zuzufügen, nur um selbst davon zu profitieren. Sogenannte Kollateralschäden oder Langfristauswirkungen gilt es unbedingt mit zu bedenken, um die eigene Entscheidung auf ein tragfähiges Fundament zu stellen.

Dies ist auch genau das, worauf das Zitat oben von Werner von Siemens abzielt: Kurzfristgewinne sollten womöglich nicht höher eingeschätzt werden als langfristige Profite.

- Agieren Sie selbst auch nach dieser Maxime in Ihrem Leben?
- Oder haben Sie schon mal dem kurzfristigen Profit (emotional/monetär) dem Vorzug gegeben?

Ein Geschäft, das nur Geld einbringt, ist ein schlechtes Geschäft.

Henry Ford

Eine Investition kann positive, negative, aber auch neutrale Effekte vorweisen.

- Trägt Ihre Arbeit dazu bei, Positives in der Welt zu entwickeln?
- Was definieren Sie als positiven Effekt?

Es ist in jedem Fall gut, sich mit diesem Thema auseinander zu setzen und zu reflektieren, wozu die eigene Tätigkeit beiträgt und ob es tatsächlich die Effekte sind, die Sie für gut und positiv befinden.

Geld: ein Mittel, um alles zu haben bis auf einen aufrichtigen Freund, eine uneigennützige Geliebte und eine gute Gesundheit.

George Bernard Shaw

Dieses Zitat von George Bernard Shaw zeigt, dass mit Geld natürlich auch nicht alles käuflich erwerblich ist, wobei gerade der Gesundheitsaspekt heutzutage eine andere Sprache spricht. Dies sollte jedoch nicht dazu verleiten, Geld als Konstrukt oder die Wirtschaft als solches völlig abzulehnen. Das Beste aus beiden Welten anzustreben, erscheint mir hier sehr sinnvoll zu sein.

Der Sinn von Arbeit

Noch ermöglicht die Wirtschaft vielen Menschen von uns Arbeit. Sie verändert sich jedoch maßgeblich und bei weitem nicht mehr alle Menschen können daran teilnehmen, doch im Prinzip ist eine funktionierende Wirtschaft die Basis für den eigenen Broterwerb.

Nun ist die Qualität der Arbeitsverhältnisse schon immer ein großes Thema in der Philosophie.

- Wie zufrieden sind Sie persönlich mit Ihrer Arbeit, mit Ihrem tagtäglichen Werken?
- Finden Sie es gut, wenn Menschen eine Aufgabe, in Form eines Broterwerbes, haben oder nicht?
- Erfüllt Sie Ihr derzeitiger Job?
- Erfüllt Sie Ihr derzeitiges Leben auch ohne Job?

Auf die Arbeit schimpft man nur solange, bis man keine mehr hat.

Sinclair Lewis

Tatsächlich habe ich selbst miterlebt, in meiner Zeit als Kommunikationstrainer im Arbeitsmarktkontext, wie wichtig eine Arbeitsstelle nicht nur für die monetären Bereiche des Lebens vieler Menschen ist, sondern auch für die persönliche Zufriedenheit und die eigene Wertschätzung. Gut, wir können darüber diskutieren, wie sinnvoll es ist, die eigene Wertigkeit von einem Job abhängig zu machen, aber dennoch tun genau das viele Menschen.

Gleichzeitig gibt das Erwerbsleben, dem Leben Struktur. Menschen wissen, wann sie wo zu sein haben, und richten danach ihren Alltag aus. Menschen, die aus dem Erwerbsleben ausscheiden, berichten mir immer wieder, dass es ihnen schwerfällt, eine Struktur in den Alltag zu bringen. Darüber hinaus ist man in einem Job umgeben von anderen Menschen. Es geschieht automatisch Kommunikation, die beispielsweise zu Hause, vor dem Rechner, nicht stattgefunden hätte, wenn sich jeder im Home-Office befindet.

Arbeit ist einer der besten Erzieher des Charakters.

Samuel Smiles

- Sehen Sie dies auch so wie Samuel Smiles?
- Können Sie konkrete Situationen Ihres Erwerbslebens benennen, durch die Ihr Charakter geformt wurde?
- In welchen Bereichen hat sich Ihr beruflicher Alltag negativ auf Sie und Ihre Persönlichkeit ausgewirkt?

> • Aus welchen Situationen schöpfen Sie noch immer Kraft?

Eine Arbeit erfüllt weitaus mehr Aufgaben als das bloße Befüllen des eigenen Kontos.

Arbeit ist das beste Mittel gegen Verzweiflung.

Sir Arthur Conan Doyle

Wenn dieser Sinn nicht erfüllt wird, dann muss man sich selbst fragen, weshalb dieser Job überhaupt ausgeführt wird, außer des Geldes wegen. Sehen Sie einen tieferen Sinn in Ihrem beruflichen Dasein?

Natürlich muss dieser Sinn sich nicht auf das Erwerbsleben beschränken. Schließlich können Sie auch ehrenamtlich tätig sein, sich um Ihre Kinder kümmern oder einem Hobby extensiv nachgehen. Tendenziell wird die Wertigkeit der Erwerbsarbeit jedoch gesellschaftlich derzeit am höchsten eingestuft. Wer Karriere macht, genießt oftmals besonderes Ansehen und natürlich monetäre Vorteile. Es stellt sich schon die Frage, ob dies auch in den nächsten Jahren so sein muss, vor allem, falls der Trend zu immer weniger Arbeit anhält.[3]

Die Arbeit, die Wirtschaft und das Geld als Maß aller Dinge anzusehen, ist natürlich auch nur eine Form der menschlichen Interpretation.

> • Was wäre, wenn Arbeit gar nicht so hoch angesehen werden würde?
> • Was, wenn Sie sich aussuchen könnten, ob Sie einer Erwerbsarbeit nachgehen oder nicht?

Die Arbeit ist etwas Unnatürliches. Die Faulheit allein ist göttlich.

Anatole France

Eine schöne Coachingfrage ist natürlich auch: Was würden Sie den lieben langen Tag lang tun, wenn Sie nicht arbeiten müssten? Wem es gelingt, die Antwort zu monetarisieren, wird die eigene Arbeit vermutlich nicht mehr als belastend empfinden, andererseits hat er gleichzeitig auch keine Hobbys mehr.

In allen Augenblicken, wo wir unser Bestes tun, arbeiten wir nicht. Arbeit ist nur ein Mittel zu diesen Augenblicken.

Friedrich Nietzsche

Friedrich Nietzsche sieht die Arbeit an sich als Hilfsmittel an, um sich an der eigenen Wirksamkeit zu laben und den Moment auszukosten.

> - Wie lange ist es her, dass Sie Ihre Arbeit nicht als Belastung oder Mühe wahrgenommen haben?
> - Wie können Sie dafür sorgen, dass solche Momente fortan häufiger auftreten?

Wenn Menschen unter der eigenen Arbeit leiden, werden sie krank. Dies ist wohl weder im Sinne der arbeitenden Person noch der Wirtschaft an sich. Denn diese „lebt" von produktiver Arbeit. Wenn Arbeit krank macht, dann erfüllt sie lediglich nur mehr einen Zweck, nämlich den monetären und diesen auch nur mehr eine Zeit lang.

Wie ich zu zeigen versucht habe, ist Geldverdienen nur ein Teilaspekt eines großen Ganzen. Sie können es sich wie ein Rad mit verschiedenen Teilbereichen vorstellen. Diese Bereiche sind: Wertschätzung, Netzwerk von Gleichgesinnten, Selbstwirksamkeit, Kommunikation, Motivation, Struktur, Ziele, Erfüllung, Sinnbefriedigung, Geld, etc. Wenn nun der Fokus nur mehr auf dem Geld liegt, dann leidet der Mensch und wird früher oder später die beruflichen Segel streichen – das eigene Rad läuft dann nicht mehr rund. Umgelegt auf das Gesundheitssystem würde das bedeuten, dass das Gesundheitssystem dadurch belastet werden würde, wenn Arbeit die Menschen krank macht. Erfüllende Arbeit jedoch entlastet tendenziell das Gesundheitssystem.

Das Schöne an der Situation: Jeder Mensch hat die Möglichkeit, die Situation zu analysieren und dementsprechende Entscheidungen zu treffen. Ihnen gefällt Ihr Job nicht mehr? Suchen Sie nach Elementen an diesem Job, die Ihnen zusagen und versuchen Sie, diese öfter auszuführen. Funktioniert dies nicht? Dann begeben Sie sich auf die Suche nach einer Tätigkeit, die ihren Bedürfnissen besser entspricht. Sie kommen mit Ihrer Führungskraft nicht zu Rande? Versuchen Sie nicht, diese zu ändern. Arbeiten Sie an Ihrer Einstellung zu dieser Person oder suchen Sie einen anderen Posten.

Ja, dies schreibt sich leicht, doch es liegt tatsächlich in Ihren Händen, welche Entscheidungen Sie treffen. Keine Situation ist alternativlos. Sie sind niemals einer Situation ausgeliefert!

Für Wunder muss man beten, für Veränderungen aber arbeiten.

Thomas von Aquin

SELBSTVERANTWORTUNG UND SOLIDAR-ITÄT

„Die Verantwortung für sich selbst ist die Wurzel jeder Verantwortung."

Mengzi

Das Thema der Verantwortung ist ein großes und wichtiges. Dieser Tage besonders. Wir agieren ständig im Spannungsfeld zwischen Selbstverantwortung und die Verantwortungsübernahme für andere. Die viel zitierte Solidarität soll hier als Überbegriff für die Übernahme von Verantwortung für andere dienen.

Verantwortung können wir für uns selbst oder für andere übernehmen. Es würde wahrscheinlich auch niemand ernsthaft die Wichtigkeit von Selbstverantwortung bestreiten. Doch anscheinend gibt es unterschiedliche Interpretationen, was Selbstverantwortung konkret ist und wie weit sie führt.

Dasselbe gilt für die gelebte Solidarität.

> - Was können Sie mit diesem Begriff anfangen?
> - Ab welchem Punkt „behindert" die Solidarität die Eigenverantwortung von Menschen?
> - An welchem Punkt fordern wir zu viel an Eigenverantwortung, wenn wir solidarischer agieren sollten?
> - Wie sieht für Sie die perfekte Balance zwischen Eigenverantwortung und Solidarität aus?

Bereits im 14. Jahrhundert wusste Dante Alighieri, wie wichtig Selbstverantwortung für die Zielerreichung ist:

Der Weg zum Ziel beginnt an dem Tag, an dem du die hundertprozentige Verantwortung für dein Tun übernimmst.

Dante Alighieri

- Stimmen Sie diesem Zitat zu?
- Haben Sie vielleicht sogar einmal Ziele nicht erreicht, obwohl Sie volle Verantwortung für Ihr Tun übernommen haben?
- Welche Schlussfolgerungen haben Sie daraus gezogen?

Nun gibt es unterschiedliche Sichtweisen, wie weit dieser Selbstverantwortungs-Begriff reicht, was er konkret umfasst.

Wir sollten uns auch für das verantwortlich fühlen, was wir denken und empfinden.

Johann Friedrich Herbart

Herbart gibt dem Begriff der Selbstverantwortung einen viel breiteren Wirkungsgrad. Sind Sie auch der Meinung, dass Sie für Ihr Empfinden, Ihrer Gefühls- und Gedankenwelt verantwortlich sind? Zweifelsohne wohnt dieser Auffassung eine gewisse Radikalität inne.

- Übernehmen Sie bereits Verantwortung für Ihre Gefühls- und Gedankenwelt?
- Wenn nein, welche „Techniken" benötigen Sie, um dies zu bewerkstelligen? Ist dies überhaupt möglich?
- Wie sieht es aber nun aus, wenn wir für andere Verantwortung übernehmen sollen?
- Ist dies immer unsere Pflicht?

Je mehr dir anvertraut ist, desto mehr bist du dir genommen und anderen verbunden.

Heinrich Müller

Dieses Zitat legt nahe, dass Verbindung zu anderen gerade dadurch entsteht, dass andere Ihnen Verantwortung – direkt oder indirekt/bewusst oder unbewusst – übertragen. Bei einem eigenen Kind, je jünger es ist, desto mehr Verantwortung werden Sie auch dafür übernehmen müssen. Bei einem Geschäftspartner beispielsweise sieht der Sachverhalt schon wieder anders aus.

Gleichzeitig gilt es, dieses Zitat auch kritisch zu hinterfragen: Sind Sie nur mit anderen verbunden, wenn Sie Verantwortung für andere übernehmen? Dies würde bedeuten, dass Sie immer mehr Verantwortung für und von anderen übernehmen müssten, um die angesprochene Verbindung mit ihnen zu erlangen. Je selbstverantwortlicher Menschen agieren, desto getrennter wären sie folglich voneinander. Stimmen Sie dem zu?

Verantwortung als Last

„Die Scheu vor der Verantwortung ist eine Krankheit unserer Zeit."

Otto von Bismarck

Bereits im 19. Jahrhundert monierte Otto von Bismarck die fehlende Bereitschaft von Menschen, Verantwortung zu übernehmen. Es könnte wahrlich auch ein Zitat aus der heutigen Zeit sein.

Auch Ambrose Bierce schlägt in eine ähnliche Kerbe mit folgendem Zitat:

Verantwortung – Last, die sich leicht auf die Schultern Gottes, des Schicksals, des Zufalls, des Glücks oder des Nachbarn abwälzen läßt.

Ambrose Gwinnett Bierce

Der Vorwurf vieler Menschen, dass andere Verantwortung einfach abgeben, ist nichts Neues. Natürlich wiederum beeinflusst von einem gewissen Menschenbild, das im Hintergrund bei der Beurteilung der Verantwortungsbereitschaft anderer wirkt. Implizit wird gefordert, dass mehr Verantwortung übernommen wird. Wie genau das aussehen soll, lassen leider viele Denker im Dunklen und wir dürfen uns selbst den Kopf dahingehend zerbrechen.

Es gibt keine Handlung, für die niemand verantwortlich wäre!

Otto von Bismarck

Wenn alles in unserem Leben auf Verantwortung basiert, dann sind wir natürlich auch für Dinge verantwortlich, die wir nicht tun. Die Verantwortung, welche sich zwangsweise durch unser Leben auf dieser schönen Erde ergibt, kann entweder selbst wahrgenommen oder eben an andere abgegeben werden (an Götter, das Schicksal, Pech, Glück, andere Menschen, etc.).

> * Nun lernen wir Menschen sehr gern und gut von anderen Menschen. Wie sieht es in Ihrem Umfeld aus?
> * An welchen Menschen orientieren Sie sich, was Verantwortungsbewusstsein betrifft?

Für sein Tun und Lassen darf man keinen andern zum Muster nehmen; weil Lage, Umstände, Verhältnisse nie die gleichen sind, und weil die Verschiedenheit des Charakters auch der Handlung einen verschiedenen Anstrich gibt.

Arthur Schopenhauer

Schopenhauer sagt zwar, dass wir keine Vorbilder haben dürfen, aber natürlich können wir das, schon aufgrund unserer Kindheit, die uns maßgeblich prägt, nicht verhindern. Doch was wir tun können, ist die Bewertung anderer unter diesem Gesichtspunkt zu sehen. Denn niemals sind alle Vorbedingungen, die zu einer Entscheidung führen, gleich. Außerdem gleicht kein Mensch dem anderen und schlussendlich ist das wahre Leben, welches wir tagtäglich führen, kein Experiment, welches bei gleichen Bedingungen die gleichen Ergebnisse erzielen muss.

Chancen für die Solidarität

„Wenn alle Menschen sich immer gegenseitig beistünden,
dann bedürft niemand des Glücks."

Menander

Solidarität mit anderen, mit der Gesellschaft, mit den Schwächeren, mit den Hilfsbedürftigen ist natürlich eine Tugend. Doch auch im Zitat von Menander fehlt das Konkrete.

- Was bedeutet es genau, anderen Menschen beizustehen?
- Wie weit geht diese Hilfe für andere?
- Ist diese Hilfe immer und überall gut für andere und für uns selbst?

Konkretes Beispiel aus meinem Leben: 2019 lauschte ich mit meiner Liebsten einem Konzert von Elton John. Da der Sir in Graz jedoch alle Karten an den Mann und die Frau gebracht hat, hörten wir seiner Musik vom Zaun aus zu. Zu uns gesellte sich zu späterer Stunde ein Mann, der ziemlich heruntergekommen aussah. Ich konnte meinen Blick nicht von seinen Schuhen wenden. Man konnte sie eigentlich gar nicht mehr Schuhe nennen, denn von diesen Turnschuhen war wirklich gerade noch die Sohle und ein paar Schuhbänder übrig.

Ich überlegte in den Folgeminuten, wie ich ihm helfen könnte – Solidarität. Also entschloss ich mich, ihn anzusprechen. Ich bot ihm 30 Euro an, damit er sich Schuhe kaufen könne. Er lehnte das Geld ab und suchte sich einen anderen Platz. Offensichtlich hatte er mein Angebot als Beleidigung empfunden. In dem Moment erkannte ich, dass nicht immer jede Hilfe angenommen wird und die betroffene Person natürlich das Recht hat, diese auch abzulehnen. Die Hilfe wird ja nur angeboten, nicht aufgezwungen. Den wahren Grund für die Ablehnung der Hilfe kenne nicht. Ich kann nur mutmaßen: Vielleicht dachte er, ich meine es nicht ernst oder er fühlte sich in seiner Würde angegriffen. Ich möchte damit zum Ausdruck bringen, dass es eine Vielzahl an Erklärungen gibt für diese Reaktion.

Das nun folgende Zitat könnte nun jedoch nahelegen, dass wir automatisch für alles und jeden und überhaupt für die ganze Welt Verantwortung zu übernehmen haben.

Jeder einzelne soll sich sagen: Für mich ist die Welt

geschaffen, darum bin ich mitverantwortlich.

Babylonischer Talmud

Sich um andere kümmern, solidarisch agieren, andere unterstützen – können diese Absichten auch negative Folgen haben? Bleiben wir bei meinem Beispiel mit den nicht mehr vorhandenen Turnschuhen. Ich selbst dachte, es sei würdevoll, dass jeder Mensch halbwegs intakte Schuhe sein Eigen nennen kann. Mein Gegenüber vielleicht nicht. Und genau an diesem Punkt wird es oftmals schwierig beim Thema Verantwortung für andere. Was, wenn diese dies gar nicht wollen? Was, wenn ich nur der Meinung bin, dass dies oder jenes für sie richtig wäre? Was, wenn ich genau durch diese Verantwortungsübernahme deren vorherrschende Situation noch weiter verfestige und ihnen damit die Selbstverantwortung abnehme? Dann beraube ich sie der Möglichkeit, von selbst aus dieser Situation zu gelangen. Verantwortungsübernahme und Hilfe zur Selbsthilfe sind unterschiedliche Dinge, wie mir scheint.

Die menschliche Gesellschaft gleicht einem Gewölbe, das zusammenstürzen müßte, wenn sich nicht die einzelnen Steine gegenseitig stützen würden.

Lucius Annaeus Seneca

Auch Seneca hat natürlich ein gewisses Menschenbild, welches ihn zu dieser Aussage brachte. Die Metapher mit dem Gewölbe klingt logisch, nur wir sind eben keine Steine, die gefühl- und reglos sind, sondern Menschen aus Fleisch, Blut und Emotionen, die selbst denken und handeln.

Du bist nicht für das Universum verantwortlich: du bist verantwortlich für dich selbst.

Arnold Bennett

- Fühlen Sie sich mit diesem Zitat wohl oder unwohl?
- Sehen Sie es als notwendig an, für andere Menschen, vielleicht sogar für die gesamte Menschheit, Verantwortung zu übernehmen, oder konzentrieren Sie sich auf sich selbst?
- Haben Sie überhaupt noch Zeit für sich selbst, wenn Sie sich um andere kümmern?
- Haben Sie noch für andere Zeit, wenn Sie sich ausschließlich um sich selbst kümmern?

Sie sehen, dass es gar nicht so leicht zu beantworten ist, was alles zum Verantwortungsbegriff dazu gehört und was nicht. Zwischen Selbstrettung und Weltrettung ist alles dabei und Sie haben die Wahl, wo Sie sich positionieren.

Man kann nicht hoffen, die Welt zum Besseren zu wenden, wenn sich der Einzelne nicht zum Besseren wendet. Dazu sollte jeder von uns an seiner eigenen Vervollkommnung arbeiten und sich dessen bewußt werden, daß er die persönliche Verantwortung für alles trägt, was in dieser Welt geschieht, und daß es die direkte Pflicht eines jeden ist, sich dort nützlich zu machen, wo er sich am nützlichsten machen kann.

Marie Curie

Können Sie diesem Zitat etwas abgewinnen? Doch auch hier liefert Marie Curie viel Interpretationsspielraum, denn nicht jeder weiß, wo er selbst am nützlichsten für die Welt ist.

- Was bedeutet Vervollkommnung konkret?
- Was beinhaltet dieser Prozess?
- Woran erkennen wir, dass wir Fortschritte diesbezüglich erzielen?
- Und wie genau sieht die Gestaltung der Welt zum „Besseren" aus?

- Für wen zum Besseren?
- Lassen wir durch diese Geisteshaltung nicht auch Menschen im Stich, die unsere Hilfe bitte nötig hätten?
- Benutzen wir es vielleicht sogar als Ausrede, nicht helfen zu müssen, weil das Gegenüber selbst „schuld" an der eigenen Lage ist?

Dies sind mitunter die wichtigsten Fragen, die wir uns in unserem kurzen Leben hier auf der Welt stellen können. Insofern ist es das passendste Zitat, um den großen, philosophischen Bogen, den wir geschlagen haben, zu schließen.

Ich wünsche Ihnen viel Erfolg bei Ihren Suchen!

LIEBEVOLLER NACHSCHLAG

Schön, dass Sie es bis an diese Stelle geschafft haben. Denken, Fragen und Reflektieren soll schlussendlich auch Spaß bereiten und die eigene Welt in einem neuen Lichte erscheinen lassen. Es soll Ihnen keinesfalls so gehen, wie es Menschen, laut Winston Churchill, üblicherweise ergeht:

Es gibt drei Sorten von Menschen: solche, die sich zu Tode sorgen; solche, die sich zu Tode arbeiten; und solche, die sich zu Tode langweilen.

Winston Churchill

Ich hoffe, Sie zählen sich selbst zu keiner Sorte, denn gegen Todesangst, Arbeiten bis zum Umfallen und massive Langeweile sind mehrere Kräuter gewachsen. Sie können gegen jeden dieser Punkte aktiv etwas unternehmen.

Vielleicht gelang es mir, Ihre Gedanken in eine völlig neue Richtung zu lenken, die Sie bis dato nicht auf dem Schirm hatten. Vielleicht habe ich Sie und Ihre Meinung provoziert, vielleicht auch einfach bestätigt. Seien Sie sicher, mein Ziel war keines von beidem.

Der Sinn dieses Buches war und ist es, Sie in eine „Denk-Stimmung", in eine „Reflexionsphase" zu bringen, in welcher Sie sich den kleinen und auch großen Fragen des Lebens widmen können, die in letzter Zeit vielleicht zu kurz gekommen sind. Wenn Sie innerhalb der über uns hereinprasselnden Informationsflut kühlen Kopf bewahren konnten, weil Sie sich Ihrer Werte sicher sind, dann haben Sie bereits sehr viel gewonnen.

Etwas, das in diesem Buch definitiv zu kurz gekommen ist, ist das Phänomen der Liebe. Diesem habe ich mich zusammen mit über 40 Autoren in einem anderen Werk ausführlich gewidmet. Ich bin zum Schluss gekommen, dass Liebe, gerade in Zeiten der heraufziehenden Düsternis, enorm wichtig ist. Hier geht es nicht nur um romantische Formen der Liebe, sondern um die Liebe zum Leben, Liebe zur eigenen Wirksamkeit, zum eigenen Denken und zu der eigenen Produktivität, die vielleicht gar keinen Zweck erfüllen muss, außer einfach da zu sein.

Je mehr man liebt, um so tätiger wird man sein.

Vincent van Gogh

Ich glaube, Vincent Van Gogh hat hier definitiv etwas Wahres von sich gegeben. Menschen, die in ihrer Tätigkeit aufgehen, sind wohl die glücklichsten Menschen. Ich bin glücklich, dieses Buch geschrieben zu haben. Ich bin vollkommen darin aufgegangen.

Natürlich ist es eine Form der Anerkennung, wenn viele Menschen es lesen und für gut befinden, doch der eigentliche Lohn fand im Schreib- und Denkprozess selbst statt. Diese Magie, die zwischen meinem Hirn, den Tasten und dem Bildschirm liegt, ist fantastisch. Vielleicht finden Sie auch Zeit dafür, einen Pinsel zur Hand zu nehmen und einfach drauflos zu malen, ohne etwas zu erwarten. Vielleicht nehmen Sie die Tastatur in die Hand und starten ein Buch oder ein Gedicht.

Die Tränen lassen nichts gewinnen, wer schaffen will, muss fröhlich sein.

Theodor Fontane

Fröhlichkeit können wir nicht erzwingen, doch wir können die Voraussetzungen dafür schaffen, dass Frohsinn und gute Laune in unserem Leben einen Platz haben.

Stellen Sie sich folgende Fragen: Wer oder was tut mir gut? Wer oder was tut mir nicht gut? Diese Fragen sind der Beginn eines glücklichen Lebens. Wenn Sie dann, aus dieser positiven Grundhaltung heraus, etwas umzusetzen beginnen, dann nimmt die Freude mit jedem Schritt zu. Ein positiver Kreislauf kann beginnen. Sie allein legen die Basis für diesen Weg, niemand sonst.

Die Jagd nach dem Sündenbock ist die einfachste.

Dwight D. Eisenhower

Auch dieses Zitat von Dwight D. Eisenhower passt perfekt zum aktuellen Zeitgeist. Das Schlimme an der Suche nach einem Sündenbock ist das gleichzeitige Ablegen der Selbstverantwortung, der unweigerlich mit diesem Prozess einhergeht.

Wenn jemand anders für die jeweilige Situation verantwortlich ist, dann kann ich selbst nicht mehr oder nur unzureichend darauf einwirken. Somit beschränkt die Suche nach dem Sündenbock automatisch die eigene Handlungsfähigkeit. An dieser Stelle hilft ein kleiner kommunikativer Trick. Fortan „schränkt" Sie niemand mehr ein, sondern Sie „lassen sich einschränken" von jemandem. Dies gibt ihnen sofort wieder Handlungsfähigkeit zurück.

Von wem haben Sie sich schon einschränken lassen in Ihrem Leben und weshalb haben Sie dies zugelassen? Von wem lassen Sie sich behindern, ein glückliches Leben zu leben und weshalb lassen Sie dies zu? Fühlt sich doch gleich ganz anders an, oder?

Mit folgendem Zitat von Charles Dickens möchte ich dieses Buch beenden. Es ist wahrscheinlich nicht wirklich überraschend, dass es sich um eine Frage handelt.

Gibt es schließlich eine bessere Form mit dem Leben fertig zu werden, als mit Liebe und Humor?

Charles Dickens

In diesem Sinne wünsche ich Ihnen ein Leben voller Liebe und Humor!

DANKESWORTE

Allen voran darf ich meiner wunderbaren Partnerin, **Doris Neuherz,** danken, dass sie erkannt hat, wie wichtig es für mich und mein Seelenheil war, dieses Buch zu verfassen. Sie musste einige Zeit ohne mich auf unserer gemütlichen Couch verbringen. Der Drang, meine Gedanken zu Papier zu bringen, war einfach zu groß. Dieses Verständnis für die Bedürfnisse des Partners sehe ich nicht als selbstverständlich an, dafür danke ich dir recht herzlich, meine Liebe. Darüber hinaus hast du mich auch immer wieder mit sehr wertvollen Impulsen versorgt.

Ich danke aber ebenso allen Menschen, die mich beabsichtigt oder unbeabsichtigt zum Schreiben dieses Buches animiert haben. Tatsächlich war es die Vielzahl an negativen und respektlosen Kommentaren auf Social-Media und Co., welche mich dazu ermutigten, diesen Weg des Schreibens zu wählen, um mit der Situation fertig zu werden und vielleicht sogar etwas Positives bewirken zu können.

Der Schreibprozess wurde enorm von meinen Freunden **Patrick Schruf , Michaela Egger und Philipp Marchel** unterstützt. Die Diskussionen mit ihnen befruchteten meine Gedankengänge nachhaltig. Ebenso wie die Gespräche mit **Sarah Puchmann**, die an vorderster Front in einer Volksschule in der Steiermark steht und täglich mitbekommt, was die Kinder so bewegt und welche Auswirkungen die Folgen der Krise für uns alle haben.

Auch möchte ich Menschen danken, die eine teilweise konträre Meinung zu der meinigen einnehmen. Immer wieder sorgen sie dafür, dass ich mich selbst hinterfrage und meine Thesen überprüfe. Dazu zählen **Börge Kummert** und **Jochen Ulbing**. Diskussionspartner, an denen ich mich „reiben" kann, sind ebenso wertvoll wie Diskussionspartner, die einen in der eigenen Meinung bestätigen. Wichtig ist, niemals respektlos zu agieren und stets auf eine gute Gesprächsbasis zu achten, selbst wenn man nicht einer Meinung ist. Auch mir selbst gelingt dies nicht immer, das muss ich zugeben.

Es sind so viele Menschen, die mich und mein Denken beeinflussen, dass ich sie gar nicht alle hier auflisten kann. In jedem Fall geht ein großer beruflicher Dank an **Alex Kortes, Barbara Zoderer und Claudio Catrini** von trendda.digital. Sie haben mich immer wieder in meinen Fähigkeiten bestärkt und diese herausgefordert. Es ist wirklich toll, in so einem Team arbeiten zu dürfen. Auch **Julien Backhaus**, mit dem ich schon mehrere Buchprojekte, Presseartikel und Blogartikel umsetzen durfte, ist ein treuer Begleiter seit mehreren Jahren. Danke, mein Freund!

Meinen Kindern möchte ich danken, weil sie meinen Fokus auf das lenken, was im Leben wirklich zählt. Das eine oder andere Lächeln, ein größeres oder kleineres „Aua" und natürlich die eigene Weiterentwicklung, die gerade bei Kindern enorm gut zu sehen ist. Ich liebe euch!

Ich hoffe, ich konnte der aktuell herrschenden Diskussion eine andere, zusätzlich Richtung geben und so zu einem Weiter- oder Umdenken beitragen. Die nächsten Jahre werden zeigen, in welchem Ausmaß, das uns allen gemeinsam gelungen ist.

Ich wiederhole mich gern: „Wir haben die Macht!"

ANHANG

[1]https://www.youtube.com/watch?v=0IykYQen3_A [6.4.2021]

[2]https://www.faz.net/aktuell/wirtschaft/richard-david-precht-reich-durch-philosophie-15356603.html#:~:text=Schon%20die%20konserva-tivste%20Rech-nung%20f%C3%BChrt,f%C3%BCr%20die%20zw%C3%B6lf%20olie-ferbaren%20Titel. [6.4.2021]

[3]https://www.bpb.de/nachschlagen/zahlen-und-fakten/soziale-si-tuation-in-deutschland/61711/arbeitszeit-und-arbeitsvolu-men#:~:text=Im%20Jahr%201970%20oleis-tete%20in,ver%C3%A4nderte%20das%20durchschnittliche%20Ar-beitspensum%20kaum.&text=Im%20Jahr%202019%20oleiste-ten%20die%20Erwerbst%C3%A4tigen%20durchschnitt-lich%201.383%20Arbeitsstunden%20pro%20Jahr.[6.4.2021]

WER IST MICHAEL JAGERSBACHER?

Gute Frage! Das weiß ich selbst nicht immer so genau. Halten wir uns daher an die Fakten: Ich wurde in der wunderschönen Südsteiermark am 28.9.1981, an einem sonnigen Montag, geboren. Ob es tatsächlich sonnig war, kann ich nicht mehr sagen. Meine Kindheit verbrachte ich in Leibnitz, mit „tz", was nichts mit dem ähnlich klingenden Butterkeks zu tun hat. Ich absolvierte das dörfliche Gymnasium und absolvierte danach meinen Zivildienst als Behindertenbetreuer.

Danach zog es mich in das „große" Graz, um ein Studium der Psychologie zu absolvieren. Dieses brach ich nach einem Halbsemester erfolgreich ab, um mich als Tellerwäscher und Kellner wieder zu(er)finden. Dabei lernte ich, wie Kommunikation wirklich funktioniert. Wenn ich gut kommuniziere, dann verkaufte ich mehr Drinks und bekam ein höheres Trinkgeld, als wenn ich still und leise den Tresen putzte.

Nach einem Jahr harter Arbeit stürzte ich mich in ein Doppelstudium der Pädagogik und der Philosophie. 5 Jahre später war die Sache geritzt und ich hatte Existenzängste. Ich begann mein Doktoratsstudium mit einem Stipendium, aber machte nebenher die Ausbildung zum Erwachsenentrainer für Kommunikation. Danach schmiss ich mein Studium – schon wieder, dafür diesmal endgültig -, um fortan als Erwachsenenbildungstrainer, vornehmlich im Arbeitsmarktkontext, zu arbeiten.

Mein Sohn war 2010 unterwegs und so musste Geld her. 2012 musste noch mehr Geld her, weshalb ich mit einem Freund die Spirituosen- und Umweltfirma „Tres Hombres" gründete – neben dem Hauptjob natürlich. 2014 kam meine erste Tochter auf die Welt. 2015 brachte ich mein erstes Buch: „Der Sympathie-Code" im Goldegg-Verlag heraus, das sich wirklich sehr gut verkaufte. Danach folgten Coachings und Lehraufträge an der FH in Graz. 2017 lief der Laden so gut, dass ich meine Anteile an der Firma „Tres Hombres" verkaufte und mich aufs Schreiben und Coachen fokussierte. Darüber hinaus entwickle ich Marken, produziere - meistens - sinnvolle Inhalte im schriftlichen Bereich.

Mein Hang zur Philosophie, mein Hang zur Kommunikation und mein Hang zum Hinterfragen werden durch dieses Buch vollends befriedigt. Wer jedoch auf die Idee kommt, mit mir Kontakt aufzunehmen, der möge dies sehr gerne unter smart@michael-jagersbacher.at tun.

Wer nun noch darauf wartet, dass er sich für einen Newsletter anmelden kann oder zusätzliche Produkte von mir erwerben will, wartet noch lange und vergebens. Nehmen Sie lieber dieses hier von Zeit zu Zeit in die Hand und reflektieren Sie. Vertrauen Sie mir, es ist keine vergeudete Zeit, sondern diese Aktivität wird immer wieder neue Gedankenschleifen und mithin, neue Perspektiven zu Tage fördern.

Ich wünsche Ihnen ein erfülltes und zufriedenes Leben, das wert ist, auch so genannt zu werden. Ob dies der Fall ist, entscheiden ausschließlich Sie selbst. Alles Gute!

Leibnitz, April 2021

www.michael-jagersbacher.at

Zeitfracht Medien GmbH
Ferdinand-Jühlke-Straße 7
99095 Erfurt, Deutschland
produktsicherheit@kolibri360.de